本书系郑州财经学院袁雪霞的河南省软科学计划项目

图像处理技术助力农业高质量发展应用研究

袁雪霞　著

郑州大学出版社

图书在版编目(CIP)数据

图像处理技术助力农业高质量发展应用研究 / 袁雪霞著 . — 郑州 :
郑州大学出版社,2021. 6(2024.6 重印)
ISBN 978-7-5645-7546-5

Ⅰ. ①图… Ⅱ. ①袁… Ⅲ. ①图像处理 – 应用 – 农业生产 – 研究
Ⅳ. ①F304

中国版本图书馆 CIP 数据核字(2020)第 231114 号

图像处理技术助力农业高质量发展应用研究
TUXIANG CHULI JISHU ZHULI NONGYE GAOZHILIANG FAZHAN YINGYONG YANJIU

策划编辑	胥丽光	封面设计	苏永生
责任编辑	胥丽光	版式设计	凌 青
责任校对	吴 静	责任监制	李瑞卿

出版发行	郑州大学出版社	地 址	郑州市大学路 40 号(450052)
出版人	孙保营	网 址	http://www.zzup.cn
经 销	全国新华书店	发行电话	0371-66966070
印 刷	廊坊市印艺阁数字科技有限公司		
开 本	787 mm×1 092 mm 1 / 16		
印 张	13.5	字 数	263 千字
版 次	2021 年 6 月第 1 版	印 次	2024 年 6 月第 2 次印刷
书 号	ISBN 978-7-5645-7546-5	定 价	68.00 元

　　农业作为国民经济的基础和关系国家安全的战略性产业,要实现高质量发展,必须依靠科技创新突破资源环境约束、拓展农业发展空间、提高农业发展质量和效益、抢占国际农业竞争制高点。正如习近平总书记指出的,"农业出路在现代化,农业现代化关键在科技进步,我们必须比以往任何时候都更加重视和依靠农业科技进步,走内涵式发展道路。"为推动科技支撑农业农村高质量发展,农业农村部先后出台了相关政策和规划文件,加快数字化引领驱动我国农业农村现代化发展的步伐。

　　纵观全球,随着农业现代化与精准化生产要求的不断提高和科学技术的不断发展,"智慧农业""精准农业"已成为可以最大限度提高农业生产力的有效途径。作为未来农业发展的新趋势,物联网、人工智能、大数据、云计算、5G等新一代信息技术正加速进入农业,推动农业全链条数字化、网络化、智能化,实现农业生产精准化种植、可视化管理和智能化决策。"智慧农业""精细农业"已成为农业新潮流,加快科技与农业融合的步伐,促进传统农业向更具"智慧"的现代农业迈进,实现农业高质量发展。

　　近几年来,计算机应用技术、图像处理技术、通信技术等快速发展,尤其是数字图像处理技术的快速发展与逐步成熟,数字图像处理技术促使现代化农业取得了很大的进展,将让农业发展进入一个新时代。尽管图像处理遥感技术在长时间序列作物动态监测、农作物种类细分、田间精细农业信息获取等关键技术方面取得了突破,并且在农作物种植面积监测、病虫害预测、土地动态监测等方面得到了应用。但是我国农业科技的渗透度、参与度、效用度还有待提高,遥感技术领域的一些新技术、新手段需要更多的农业科研人员进行探索,并借鉴国外先进的遥感技术,来建立符合我国农作物生长特点的遥感技术监测系统,继续深挖遥感技术在精准农业中的应用,为实现农业和农村高质量发展做出贡献。

郑州财经学院　袁雪霞

目录

绪论

中国是一个农业大国,建国70多年以来,我国农业农村现代化建设取得了举世瞩目的成就,主要体现在农业综合生产力、农业产业结构调整、农业技术水平、农村扶贫与农民收入、农村环境改善等方面。十九大报告中习近平总书记提出"农业农村农民问题是关系国计民生的根本性问题,解决好'三农'问题是全党工作重中之重,未来要全面实施乡村振兴战略。"要实现乡村振兴,就要以永不懈怠的精神状态和一往无前的奋斗姿态,加快推进农业农村现代化。然而实现农业农村现代化进一步升级,仍然存在着很多问题,比如信息化设施薄弱、农业规模化经营进展缓慢、农村金融服务和法律保障跟不上、农业技术人才缺乏等。归根结底"三农"建设必须依靠科技创新作为推动力。随着数字图像处理技术的快速发展与逐步成熟,把图像处理技术应用于农业高质量发展备受关注,并且已经取得了很大的进展。

2017年党的十九大报告中明确提出,保持土地承包关系稳定并长久不变,第二轮土地承包到期后再延长三十年①。2019年中央一号文件再次指出要积极完善落实农地集体所有权、稳定农户承包权、放活土地经营权政策②。土地"三权分置"制度改革的核心之一就是"放活土地经营权,实行土地适度规模化经营",即"农村土地流转"③,土地制度的不断改革和深化,促使我国农业经营主体逐渐分化,土地规模化经营格局初步形成,除了小农经营主体之外,专业大户、家庭农场、合作社、农业企业和农业社会化服务组织等多元化新型农业经营主体发展势头足。在今后较长的一段时期内将持续扩大化、规模化,大规模化土地经营既成为保障国家粮食安全和主要农产品有效供给的重要主体,也是推动我国农业高质量发展的新兴力量。当前,在互联网、大数据、人工智能、图像处理、遥感技术高速发展时代,必须以科技力量为支撑,以"互联网+"为手段,引进科技人才并培养

---

① 十九大报告。

② 2019年中央一号文件。

③ 2013年7月22日,习近平在湖北省武汉市考察时的讲话。

职业型新农民为主体,向智慧化、数字化、绿色化方向发展。

计算机图像处理技术是运用计算机对图像进行处理,以获取图像数据、信息的一种技术。图像处理技术通过图像分析,从而对目标对象的颜色、纹理、大小等特征进行实时监测,具有高效率、高精度、高可靠性等优点,被广泛应用于科学研究、工业生产、农业生产、生物医学工程、航空航天、军事、机器人产业等多个领域。

20世纪60年代,第一台关于能够实现图像处理任务的计算机诞生,标志着数字图像处理技术开始进入快速发展阶段。实现了利用计算机进行更加高级的图像处理。在20世纪60年代末至70年代初,数字图像处理技术仅使用于空间开发等方面,之后,该技术慢慢进入医学、天文等领域。20世纪70年代,借助计算机、人工智能等技术的快速应用,数字图像处理技术实现了更高层次的发展。相关工作人员已着手研究如何使用计算机进行图像解释。20世纪80年代,研究人员已将数字图像处理应用于地理信息系统。从此数字图像处理技术的应用领域不断扩大,在工业检测、遥感等方面得到了广泛应用,在遥感方面实现了对卫星传送回来的图像的处理。20世纪90年代初,数字图像处理技术到了一个快速发展期,其中特别是小波理论和变换方法的诞生,更好地实现了数字图像的分解与重构,使得图像处理技术应用于农业工程。例如:1998年刘禾等通过数字图像处理研究苹果损伤的自动检测问题,取得了比较好的效果。同时,随着互联网、大数据、云计算时代到来,国家把农业智慧化、绿色化、数字化发展放在战略地位,因此农业信息化程度更高,图像处理技术被逐渐广泛应用于农业领域,主要体现在农作物生长监测、农产品品质检测、田间智能除草、农业电商、农业保险等方面。

1. 图像处理技术广泛应用的农业领域

(1)种子筛选　农作物种子质量是决定农作物产量及品质的重要因素,高质量的种子一般会表现出较高的发芽率和出苗率,并且在植株生长期也会较健壮,抗病性强,更易存活。因此,为了保证农作物产量,提高农作物品质,减少农民的经济损失,需要在播种前对种子质量进行检测。传统的种子质量检测方法存在耗时耗力、主观性强等问题,随着计算机和图像处理技术的不断发展,图像处理技术被逐渐应用到种子质量的检测中,许多研究者通过获取种子的图像对种子进行品种分类和质量分级。

例如:李冬提出了一种基于图像处理的稻花香水稻种子鉴别的方法,通过图像处理,计算出水稻种子图像的重心、面积、周长等物理形态变量,利用主成分分析进行降维处理,最终通过余弦相似度的方法对优质水稻种子进行最终鉴别,实验表明优质水稻种子鉴别的正确率为88%。ZHAO Xueguan等研究了番茄内部形态、种子大小与种子萌发的关系以及番茄种子X射线图像的预处理算法,利用图像处理算法提取番茄种子的内部结构特征。通过种子萌发试验探索种子活力与种子大小的关系,通过幼苗评价试验发现,X射线图像分析提供了一种完美的观察种子内部部分和种子形态的研究方法,胚乳和胚的面积越大,相同大小的种子长出健康幼苗的可能性越大。

(2)农作物生长监测　农作物生长信息可以直接反映出农作物的生长状况,如农作物是否缺水、缺肥或者有病虫害等,计算机图像能够代替人眼快速、准确地对农作物的生长状况进行监测分析,并通过人工智能设备对其采取相应的措施,极大地节省了劳动力,为农作物的品质和产量提供了保证。目前,图像处理技术在农作物自动监测上得到了广泛的应用,主要是通过图像自动获取、图像处理和分析等技术提取被监测植物的一系列特征,包括不同生育期自动识别、果实位置定位、植株营养元素分析等,以此对农作物的生长状况做出实时的监测和反馈。郑阳提出了一种实时性好、准确性以及鲁棒性高的玉米生长自动监测算法。该研究将玉米的生长监测研究分为三个部分,包括针对玉米生长初期的玉米与杂草自动识别,针对玉米穗期图片中玉米穗的自动识别,以及针对玉米整体生长过程的生长期自动识别与预测,为实现玉米生长期预测提供了一个可能的技术途径。Reis MJCS 等提出了一种在自然环境下检测和定位彩色图像中葡萄串的系统。该系统能够区分白葡萄和红葡萄,同时计算出串茎的位置,实现对葡萄串的实时监测。实验结果表明,该系统对红、白葡萄的正确分类率分别为97% 和91%。陈佳悦等利用冬小麦冠层图像获取颜色特征,并研究小麦氮素与冠层图像之间的相关性,突出代表性分量的同时又综合考虑 3 个单色分量,并基于近似最优组合方法建立 RGB 空间下冬小麦冠层氮素营养颜色组合评价指标。该研究能为冬小麦冠层的氮素营养诊断基于图像的评价指标提供参考。

(3)农产品品质检测　应用图像处理进行农产品品质检测,具有高效、低成本、无损等优势,现已广泛应用到了农业生产中,众多学者利用图像处理技术对农产品进行检测研究,并取得了一定的研究成果。YU Yang 等提出了一种基于多图像特征和加权 k 均值聚类算法的快速有效的苹果自动分级方法,该方法提出 可以利用 4 个图像(顶部、底部和两侧)和每个苹果的平均灰度值来区分苹果缺陷、茎和花萼。此外,根据国家苹果分级标准的要求,对加权特征 MCSAD(最大横截面平均直径)、圆度、PRA(红色区域比例)和缺陷区域进行了仔细的选择,提高了该方法的实用性。结果表明,所提出的多特征分级方法的总准确率大于 96%。陈红等通过图像处理技术获取到多种菌类的纹理特征,研究了多种菌盖纹理模型以及各个模型参量的融合,并以此设计了香菇自动分选的系统,实验结果显示该系统的分选正确率为 93.57%。

2. 图像处理的内容

(1)图像增强和复原技术　在农作物图像采集过程中,会遇到各种干扰,比如雾、霾、风等因素的影响,从而造成图像的噪声,噪声会对后期图像识别造成很大影响,因此对图像进行降噪处理,从而增强图像的质量,提高画面清晰度,这对图像数据分析、图像识别、图像后期合成等都非常重要。

图像增强和复原的目的是为了提高图像的质量。如去除噪声,提高图像的清晰度等。图像增强不考虑图像降质的原因,突出图像特征部分。如强化图像高频分量,可使图像中物体轮廓清晰,细节明显;如强化低频分量可减少图像中噪声影响。图像复原要求对图像降质的原因了解。一般讲应根据降质过程建立"降质模型",再采用某种滤波方法,恢复或重建原来的图像。

(2)图像分割技术　图像分割是数字图像处理中的关键技术之一。图像分割是将图像中有意义的特征部分提取出来,主要体现在图像中的边缘、区域等,这是进一步进行图像识别、分析和理解的基础。虽然目前已研究出不少边缘提取、区域分割的方法,但还没有一种普遍适用于各种图像的有效方法。因此,对图像分割的研究还在不断深入之中,是目前图像处理中研究的热点之一。

(3)图像分析技术　图像分析是用模式识别和人工智能方法对物景进行分析、描述、分类和解释的技术,又称景物分析或图像理解。20世纪60年代以来,在图像分析方面已有许多研究成果,从针对具体问题和应用的图像分析技术逐渐向建立一般理论的方向发展。图像分析同图像处理、计算机图形学等研究内容密切相关,而且相互交叉重叠。图像分析则着重于构造图像的描述方法,更多的是用数据、符号表示图像特征,并利用各种有关知识进行推理。图像分析与关于人的视觉的研究也有密切关系,对人的视觉机制中的某些可辨认模块的研究可促进计算机视觉能力的提高[1]。

(4)遥感图像处理技术　遥感(remote sensing)是利用航空传感器技术对地球上的物体进行探测和分类的现代技术。它通过安装在航天器(如卫星)或飞机上的传感设备,诸如照相机、扫描仪、激光器和线性阵列等设备记录来自电磁频谱的紫外线、可见光、红外线和微波区域的信息,并利用视觉图像处理和数字图像处理技术对所获得的信息进行分析。随着高分辨率遥感数据的获得,遥感技术已广泛应用于自然灾害监测、预报、损失评估等领域。遥感技术在农业保险业中有着广阔的发展前景,例如在冰雹、火灾、干旱等保险定损中都有着广泛应用(张小东,2019),较传统的实地勘察保险理赔具有精准、智能、高效、节约时间和成本等特点,因此遥感技术在农作物损害评估方面有着广阔前景。遥感技术与图像处理技术的联系十分紧密,图像处理技术广泛应用于遥感技术,遥感技术

---

[1]　https://baike.so.com/doc/6526016-6739748.html.

对图像处理技术的应用,最能直接体现该技术的发展现状①。

3.数字图像处理技术的主要意义

数字图像处理技术发展不断成熟,将图像处理技术用于农业科技已成为农业发展的热点。实现农业数字化、智慧化、精细化管理,助力农业高质量发展,其主要意义包括以下几点。

(1)农业数字化 农作物在生长过程中,不同阶段植株的高度、叶面积大小、叶面积指数、叶片颜色等因素都与植株的健康情况有着密切的关系,通过遥感装置或者无人机采集植株图像,借助图像处理技术对相关图像进行测量、计算、分析判断,能够尽快地判断出农作物在生长过程中是否出现了一些缺水、缺肥等问题,为农民提供精准的施策依据,缺多少,补多少,让水、肥料充分吸收,利于土壤向健康绿色方向发展。

(2)农业智能化 一是体现在病虫害自动识别,也是影响农作物产量和质量的关键因素,病虫害的识别与防治非常重要,在传统的病虫害防治过程中需要人工识别,主要依靠种植者经验,通过肉眼观察、查阅资料手册、实施喷药防治。这种方法费时费力,且很容易造成误判,不仅带来经济损失,还造成农药残留,破坏土壤的纯净性。利用图像处理技术来识别病虫害的过程如下:①利用摄像机等设备进行图像采集;对采集到的图像进行预处理。②进行图像分割,保留有特征部位。③通过特征提取和图像识别等步骤来判断病虫害的种类及病害等级,根据判断结果给种植者提供准确的参考数据,精准施药。二是实现智能除草,规模化土地经营背景下,利用人工除草已经过时,利用当前流行的除草剂,全覆盖喷洒,会造成水、土壤、空气污染,并且对食品安全造成威胁。利用除草机器人可以实现智能除草,针对农作物和杂草进行识别,药剂只喷洒在杂草上,可以使药剂充分吸收,既能除草,又避免了污染。三是农业机器人,随着科技的快速发展,图像识别技术的不断成熟,各个国家已经研究出各种各样的智能机器人服务于农业、服务于农民,大大推进了智慧农业的进程,常见的农业机器人一般可分为采摘机器人、除草机器人、产品分类机器人、放牧机器人等。目前采摘机器人备受农民关注,应用广泛,主要应用于水果、茶叶采摘,比如苹果采摘机器人、草莓采摘机器人、柑橘采摘机器人等都得到了很好的应用。采摘机器人的原理基于图像识别技术和机器视觉系统,一般经过图像的采集、图像预处理、图像的分割、图像分析等过程,在图像分析过程中要对果实的大小、颜色、纹理、形状等特征进行分析识别,不仅可以精确采摘成熟的果子,还可以根据果子大小、形状等进行分类,确定产品等级。

---

① https://www.360kuai.com/pc/96a46f36d64e712ac? cota = 4&kuai_so = 1&tj_url = so_rec&sign = 360_57c3bbd1&refer_scene = so_1.

（3）农产品贸易电商化　"互联网+"背景下，发展农村电子商务在促使我国农业、农村改革与农业发展方面起着至关重要的作用，大大推动农村地区经济增长，同时也为我国长期以来存在的"三农"问题提供了有效的解决办法，进一步推进城乡一体化发展进程。然而农村电子商务在推进方面面临着诸多困难，主要是人才缺乏。电子商务的经营离不开信息化技术，也离不开图像处理技术支持，图像技术主要体现在电商平台的开发、电商网店的维护、农产品的宣传促销等方面。实践证明利用 Photoshop 软件来实现这些功能，是一条简单可行的便捷之路，只要略懂一些电脑操作的任何人经过适当学习都可以掌握这种技术。

（4）农产品宣传　传统农产品的销售渠道很受局限，仅靠几个收购商来完成简单的交易，如果没有收购商，就会导致大量农产品如水果、蔬菜等烂掉，造成农民经济损失，原因是缺少必要的宣传。近年来，随着美丽乡村建设的不断发展，农村的村风村貌有了很大改变，乡村旅游已经成为当前备受关注的热点问题，也是农村扶贫、巩固脱贫攻坚成果、实现乡村振兴的重要手段之一。与其他扶贫方式相比，发展乡村旅游以其强大的市场优势、强劲的造血功能、巨大的带动作用，在助推脱贫攻坚战中也发挥了很大作用。在移动互联网快速发展的时代，新媒体在促进乡村旅游营销信息传播、降低营销成本和提高营销效率等方面的作用尤为显著，然而乡村旅游资讯、景色、特产等宣传方面非常缺乏，实际上，当前我国未形成乡村旅游新媒体营销体系，营销效率不高。图像处理技术不仅可以设计海报、平面广告等，还能对各种 APP、微信小程序、小视频媒体的开发与应用给予强有力的技术支持。

（5）农业保险　根据《中共中央国务院关于深入推进农业供给侧结构性改革加快培育农业农村发展新动能的若干意见》（中发〔2017〕1 号）精神，指出农业保险是农业生产发展的供给侧，要充分发挥农业保险供给侧结构性改革的作用，撬动和推进农业供给侧改革全局，这将对农业保险提出很高的要求。2019 年 5 月 29 日，中央全面深化改革委员会第八次会议审议并原则同意《关于加快农业保险高质量发展的指导意见》，《意见》提出要求和发展方向。在当前土地规模化经营背景下，农业保险尤为重要，借助遥感图像处理技术助力农业保险的理赔，既快速又精准。可以实现足不出户 2 小时内完成从定损到理赔的过程。

第一章
图像处理技术助力农业高质量发展概述

我国农业与国外相比,农业自动化生产的程度并不高,尤其是对农作物的生长监控、农作物营养程度评估、病虫害防治等方面大都保留着传统方法。传统方法主要凭借眼力和经验,需要技术人员定期去田间观察,依靠视觉对植物生长情况进行评估,凭借着长期积累的经验来对农作物生长情况、病害程度进行判断,没有数据、不能量化,这种方法不仅浪费时间,也存在着判断不准确的风险,尤其是面对当前规模化的农田管理,显然跟不上现代化农业发展的步伐。因此,迫切需要一种方法来解决这个问题。

随着计算机的飞速发展,数字图像处理技术也在飞快发展,并应用更广泛的领域,如航空航天、军事活动、医学研究、工业生产和农业生产等。近些年图像处理技术在农业现代化方面方取得了很大的进步,如在农产品质量检测、农作物病害程度识别、生长阶段营养程度评估等方面均有应用。

一、发展成果

图像处理技术应用已经渗透到农作物种植、农作物生长监测、农产品质量检测、病虫害识别、智能除草、智能采摘、农产品电商化、农业保险等,并且取得了突破性研究成果。以下是国内几款依靠图像处理、图像识别、机器视觉等技术为支撑的成果应用案例。

1. 采摘机器人

2019 年 12 月 23 日,在建德市草莓小镇杨村桥镇梓源村种植示范基地里,一台草莓采摘机器人正按技术人员设定的参数,从立体草莓种植架上自动识别并采摘已经成熟的草莓。虽然这台首次亮相试用的机器人(图 1-1)采摘效率还不高,却让现场的莓农和游客欣喜不已。

图1-1　草莓采摘机器人

[资料来源:杭州日报(2019-12-24)]

时下正是草莓上市季节,有"中国大棚草莓之乡"之誉的杨村桥镇积极引进新技术、新设备,发挥科技引领示范作用,推动农旅融合的现代草莓产业可持续发展,助力乡村振兴①。

2. 除草机器人

杂草是影响庄稼生长的一大害。2018年,重庆迪展农业开发有限公司研发了一款能够区分杂草和农作物的"田间壮汉"机器人,有了它的帮助,农户不再为杂草头疼了。

在智博会S3馆重庆迪展农业开发有限公司展厅,记者见到了除草专家——"田间壮汉"的缩小版,约一立方米大小,身上装有两个摄像头,分别用于图像识别和道路指引。别看个头不大,它能灵活地穿梭在农田之中,并能自动躲避农田中的障碍物(图1-2)。

图1-2　除草机器人

(资料来源:视界网/重庆网络广播电视台)

与大型机械相比,"田间壮汉"优势很多,它能自动运行,不需要人驾驶或操控,另外它依靠电力驱动,使用成本比大型除草机械低很多。

---

①　http://www.hangzhou.gov.cn/art/2019/12/24/art_812265_41213103.html.

据了解,"田间壮汉"不但可以完成播种和除草等比较烦琐的工作,其搭载的多个 F4 处理器联动工作,通过图像识别技术来分析农作物生长情况,从而监测农作物的生长情况。

3. 叶面积测量仪

YMJ 系列活体叶面积测量仪是新研发的产品,亦是一种使用方便,可以在野外工作的便携式仪器(图 1-3)。它可以准确、快速、无损伤地测量叶片的叶面积及相关参数,也可对采摘的植物叶片及其他片状物体进行面积测量。广泛应用于农业、气象、林业等部门①。

恒美YMJ-A叶面积仪

图 1-3 叶面积测量仪

仪器可以直接测量叶片长度、宽度和面积,并集成了 GPS 定位系统,增加了 RS232 接口,可将测量数据和定位信息同时导入计算机,方便广大科研者对数据的进一步处理。

4. AI 图像识别仪

在水产养殖业中,生物资本数量的精确统计,依赖于有效管理的科学投喂、销售运输、养殖密度控制等环节,是实现水产养殖自动化的根本保证,也是水产养殖业的资产盘点、存货审计的重要依据。但目前,生物资产盘点主要采用人工统计法,不仅效率低、受限大,还存在数据造假和损伤生物本身等严重问题,已无法适应规模化的水产养殖与销

---

① https://b2b.hc360.com/supplyself/743198519.html? confr = 360_search_busin&subconfr = title_1_1&q = % E5% 8F% B6% E9% 9D% A2% E7% A7% AF% E6% 8C% 87% E6% 95% B0% E6% B5% 8B% E9% 87% 8F% E4% BB% AA&pid = &bid = &pdt = hyc.

售的需求。

杭州一家上市的水产养殖企业就曾遇到池中鲟鱼数量难以盘点的问题。被誉为水中"活化石"的鲟鱼是制作鱼子酱(世界三大珍味)相当重要的产源。为了更加科学高效地管理,规模化鲟鱼养殖,需要不定期对鲟鱼数量进行统计监测,并确保数据准确度和操作安全性。而这家企业一直在寻找更加高效简便的生物资本数量统计方式,以替代效率低下、破坏力大的人工统计法。因缺乏图像识别技术的支撑,始终无法实现完整的智能统计方案。经过网络搜索,该企业技术工程部负责人王某了解到快包平台(汇聚了许多优秀软硬件项目方案商)可提供智能识别技术和统计系统相关的开发外包服务。

于是,王某就尝试将鲟鱼数量盘点项目的开发需求发布到快包任务平台上。令他意外的是,在项目发布当天,王某就接到了快包项目经理推荐的合适服务商电话,并在经过双方面对面沟通与实地考察后,选中了服务商。该服务商凭借强大的 AI 图像识别技术实力赢得了王某的青睐,从设计开发出完整软件,到成功实地安装调试硬件,再到正式投入使用,总共历经 5 个多月。基于 AI 图像识别技术的生物资产盘点方案,准确率高达 99%!

此次中标的服务商方案利用高速摄像机对鱼池进行全景拍摄若干张图片(图 1-4),并通过以太网方式传输至计算机进行处理(图 1-5);在图像经灰度变换、滤波去噪等预处理后,进行特征提取并结合形态学分析,采用独特的图像识别算法,有效地解决生物粘连和部分重叠问题;利用深度学习技术及精准的算法迭代模型,不断提高计数统计的准确性和工作效率。该系统经实际应用测试,准确率高达 99%,不仅盘点效率高、可操作性强,而且可同步生成盘点电子档案,便于第三方监管。

图1-4　鱼池图片样本

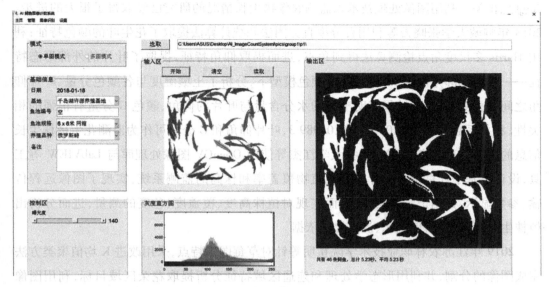

图 1-5　软件算法处理界面

　　这款生物资产盘点方案的优势：基于自主研发的高速摄像机和图像识别算法，采用瑞芯微/三星/海思的主控芯片，准确率高达 99%；采用标准协议，支持接入物联网系统平台，能够实现远程操作控制；可提供 SDK 开发包及驱动程序，兼容 Windows 和 Linux 操作系统；支持个性化定制服务，最大化提升产品性能。值得一提的是，该方案不仅应用于水产养殖行业，同样适用于工业检测、生物识别、机器视觉、教育科研等领域。[①]。

　　5. 农业保险

　　2015 年夏季河北 11 个地市旱灾造成玉米严重减产。中华财险利用遥感监测，综合利用无人机、手持终端设备等手段，实现快速定损。最终确定受灾面积约 206 万亩，赔款金额 4 亿元，受益农户 57.5 万户。[②]

二、应用综述

　　1. 图像处理技术服务数字农业

　　在农业生产过程中，农作物的品种、营养状况、健康情况都与农作物最终的产量和质

---

① https://www.sohu.com/a/231805913_416090.

② http://finance.sina.com.cn/roll/2018-02-23/doc-ifyrvnsw7275034.shtml.

量息息相关。利用图像处理技术来监测农作物生长情况的研究已经取得了很大的进步。2018 年聊城大学张晓云等利用百分率直方图法和统计算法提取了花生叶的颜色特征；利用 Harris 多尺度角点检测算法得到角点，进而提取仰角特征，提取了叶片的外部形态特征——色度和仰角。在 RGB 和 HIS 颜色模型下，分析了土壤湿度与各颜色分量、叶片仰角之间的相关性，实验结果表明土壤的水分含量与叶片的仰角、颜色 G 分量有很强的相关性，相关系数分别达到 0.927 68，0.989 3，叶片仰角和 G 分量可作为监测花生植株生长信息的指标。2019 年内蒙古科技大学江杰等使用 OpenCV 图像处理库与 LabVIEW 等工具，设计了基于计算机视觉计算绿色植物覆盖率和株高的监测系统，实现了图像远程传输、参数显示、数据记录等功能，从而实现对植株高度、覆盖度、色度的测量，进而分析出植株生长情况，为后期施肥、浇水提供依据。

2019 年江苏农林职业技术学院崔明等针对草莓图像特点，采用改进 K 均值聚类方法完成图像的分割，并利用形态学处理和连通区域特征分析提取花朵区域目标，利用图像处理技术对草莓花朵识别技术进行研究，并提出了相关的检测算法，为草莓的生长监测、智能施肥和智能授粉等提供理论和技术支持。

2019 年安徽农业大学信息与计算机学院刘连忠等基于图像处理技术研究茶树氮营养素诊断方法，采摘不同施氮地块同一生长部位的茶树叶片，在白色背景、自然光下用数码相机对叶片拍照，用化学法测得叶片含氮量，利用 OpenCV 计算机视觉库编写图像处理程序，从原始图像中分割出叶片图像，提取叶片的 R，G，B 均值，并计算归一化的 NRI，NGI，NBI 及 H，S，I 均值，另选取 R/ G，B/ G，B/ R，R/(R+G−B)，G/(R+G−B)，B/(R+G−B) 构成 15 个颜色特征参数，使用 SPSS 软件对颜色特征参数和含氮量进行回归分析，在误差分析基础上建立茶树氮营养素估算模型。将该模型运用于验证样本，得到含氮量估算值与实测值的平均相对误差为 9.28%，RMSE 为 0.265。结果表明，该模型可用于茶树氮营养素水平的快速诊断。

上述方法在农作物检测方面取得了不错的效果，能够对农作物生长的各个阶段的生长参数以精确数据呈现，即对农作物生长阶段的健康性给予数字化，为精准施肥、浇水等提供了可靠依据，但是还存在一些问题，在农作物生长环境监测采集图像时，室外由于光线与阴影，拍摄的图像中植物与背景的精确分割问题较多，精度较差；另外由于农作物生长过程中不可避免会出现叶片或果实的局部缺陷及遮挡等情况，影响了植物特征信息的采样和识别等。随着图像技术的不断发展，图像获取工具的分辨率不断提高、图像处理软件的功能不断强大，系统的识别精度会越来越高。

从上述对农作物生长监测的方法可以看出，利用 OpenCV 对农作物生长监测是比较常用的方法，而在生物生长监测方面主要是利用 Photoshop 进行叶面积计算，通过叶面积来评估农作物的生长情况。两种软件相比，OpenCV 软件更加专业，精确，但是专业性强，是基于编程基础上的，对使用者的文化要求比较高，比较适合于科学研究；Photoshop 软件就相对简单很多，更加有利于普及。利用 Photoshop 精确计算面积是一个比较简单的技术，利用叶片称重法，测量出单片株叶的重量，利用 MATLAB 软件建立叶面积与叶重量的数学模型，通过模型可以分析出农作物营养健康状况。

2. 农业机器人助推"智慧三农"

随着现代化农业的不断发展，越来越多的人工劳动被各种各样的机器人取代，这也是智慧化农业的发展趋势，"机器人+农业"正在成为现代农业的热点。

农业机器人是一种机器，是机器人在农业生产中的运用，是一种可由不同程序软件控制，以适应各种作业，能感觉并适应农作物种类或环境变化，有检测（如视觉等）和演算等人工智能的新一代无人自动操作机械。农业机器人工作原理是一种集传感技术、监测技术、人工智能技术、通信技术、图像识别技术、精密及系统集成技术等多种前沿科学技术于一身，在提高农业生产力，改变农业生产模式，解决劳动力不足，实现农业的规模化、多样化、精准化等方面显示出极大的优越性。它可以改善农业生产环境，防止农药、化肥对人体造成危害，实现农业的工厂化生产。

3. 图像处理技术服务农业"机器人"

农业机器人种类繁多，按作业对象不同通常可分为以下 4 类。

农田机器人：如插秧机器人、除草机器人、施肥机器人、喷药机器人等。

果蔬采摘机器人：如采摘苹果机器人、采摘蘑菇机器人、采摘草莓机器人、蔬菜嫁接机器人等。

畜牧机器人：如牧羊机器人、喂奶机器人及挤奶机器人等。

林木机器人：如林木球果采集机器人、伐根清理机器人等。根据工作原理，果蔬采摘机器人对图像处理技术的依赖性更强，绝大部分离不开机器视觉、图像识别技术作为支持。

果蔬种植面积在我国农业种植业中占了很大比例，蔬菜和水果是我国种植业中位于粮食之后的第二和第三产业。在规模化种植背景下，因人工采摘速度慢、成本高，容易造成果实或者果树伤害。众多农业专家或农民，纷纷研制各种机器人，实现机器取代人工，将会节省人工采摘成本、提高劳动生产力。目前，茶叶采摘机器人、草莓采摘机器人、苹果采摘机器人、荔枝采摘机器人已经取得了很高的研究成果，有些采摘机器人已经投入使用，如前所展示的建德市草莓采摘机器人按技术人员设定的参数，从立体草莓种植架上自动识别并采摘已经成熟的草莓。

华南农业大学熊俊涛等采用超像素分割的方法,将一张图像分割成多个小区域,在对图像进行超像素分割的基础上,对自然光照下的果园图像阴影区域与非阴影区域进行对比分析,探索 8 个自定义特征用于阴影检测;采用 SVM 的方法,结合 8 个自主探索的自定义特征,对图像中每个超像素分割的小区域进行检测,判断每个小区域是否处于阴影中;采用交叉验证方法进行参数优化,根据 Finlayson 的二维积分算法策略,对检测的每一个阴影区域进行阴影去除,获得去除阴影后的自然光照图像。最后进行阴影检测的识别准确性试验。试验结果表明,本研究的阴影检测算法的平均识别准确率为 83.16%,经过阴影去除后,图像的阴影区域亮度得到了提高,并且整幅图像的亮度更为均匀,为自然环境下机器人识别果实及其他工农业应用场景提供技术支持。

2017 年,三明学院伍坪结合 IIR 滤波算法,设计了一种基于 HPI 接口和 DSP 系统的新型采摘机器人。该机器人综合了 ARM 控制器和 DSP 嵌入式系统,能实现机器人的快速、准确定位,提高机器人作业的精确性和稳定性。利用图像 DSP 系统对采集图像进行处理,实现目标的定位,从而提高嵌入式系统的运算能力;利用 ARM 控制器对执行末端进行控制,实现机械臂的准确定位和控制;使用滤波器对通信过程的干扰信号进行降噪处理,从而提高整个系统的稳定性和可靠性,为现代化采摘机器人通信设备设计提供了理论依据。

2018 年,江苏医药职业学院吴义满等结合嵌入式图像处理技术,提出了一种以 DSP 为控制核心的嵌入式图像识别系统。利用 DSP 处理器可以将采集的图像信号进行数字化转换,并通过图像处理将提取的特征图像直接传送到 PC 机,用于信息的反馈。PC 机通过数据处理将控制指令直接发送给 DSP,控制机器人终端的动作。结果表明:采用 DSP 的移动式采摘机器人视觉系统可完成图像特征的提取,且目标识别的准确性较高,处理时间较短,可以满足高精度快速采摘作业的需求。

贵州工程应用技术学院信息工程学院张起荣等基于 TI 公司的 32 位数字处理器芯片 TMS320F2812 作为核心处理器设计移动式樱桃采摘机器人,给出硬件总体方案,并且通过 SAA7105 完成对视频图像的编码操作。依据目标上多个点的三维位置信息对樱桃球模型进行重建,通过最小二乘法求出樱桃质心位置,实现樱桃的定位,将樱桃在机器人坐标系中的定位简化成求解摄像机坐标系和机器人坐标之间的映射矩阵,通过映射矩阵实现机器人手眼标定。

上述采摘机器人的视觉识别系统基于图像处理技术,通过对图像的预处理来对果实进行定位,已投入市场的采摘机器人为农民解除了人工采摘的诸多麻烦。但目前由于在图像采集过程中受到相机、天气、光照等因素,影响了识别的精确性,出现果实遗漏现象。随着软件与硬件设备的不断发展,机器人取代人工采摘,是采摘业发展的必然趋势。

三、发展痛点

图像处理技术在农业发展中具有非常广泛应用前景,如农作物生长情况检测、病虫害防治、农业机器人、农村电子商务等,这些先进的技术离不开农村信息化建设以及图像处理科技支持。图像处理技术主要包括图像变换、图像增强、图像复原、图像分割、图像平移、图像拼接、图像色彩调整、背景抠图、水印的添加与去除、农村电商网站设计等,这些技术需要硬件设备支持,更需要掌握操作计算机,并熟悉专业的图像处理软件比如Matlab、OpenCV、Photoshop等,但在现实中会遇到各种各样的问题和困难。

1. 农村网络、计算机等信息化设备普及率低

CNNIC 第 44 次《中国互联网络发展状况统计报告》摘要基础数据显示:截至 2019 年 6 月,我国网民规模达 8.54 亿,较 2018 年年底增长 2 598 万,互联网普及率达 61.2%,较 2018 年年底提升 1.6 个百分点。截至 2019 年 6 月,我国网民使用手机上网的比例达 99.1%,使用电视上网的比例为 33.1%,使用台式电脑上网、笔记本电脑上网、平板电脑上网的比例分别为 46.2%、36.1% 和 28.3%。城乡网民规模对比,截至 2019 年 6 月,我国农村网民规模为 2.5 亿,占网民整体规模的 26.3%,较 2018 年增长 305 万;城镇网民规模为 6.30 亿,占网民整体的 73.7%,较 2018 年增长 2 293 万,网民城乡结构对比图见图 1-6。[①]

城乡网民规模对比:截至 2019 年 6 月,我国非网民规模为 5.41 亿,其中城镇地区非网民占比为 37.2%,农村地区非网民比为 62.8%,非网民仍以农地区人群为主,因为没有电脑等上网设备而不上网的非网民占比为 15.3%。

图 1-6　网民城乡结构对比图

① http://www.cac.gov.cn/2019-08-30/c_1124938750.htm.

2. 缺少技术人才

现代化农业需要人才支撑,操盘者需要懂互联网、懂技术,否则寸步难行。根据《农村实用人才和农业科技人才队伍建设中长期规划(2010—2020 年)》,按照从业领域的不同,农村实用技术人才一般划分为 5 种类型:生产型人才、经营型人才、技能服务型人才、社会服务型人才和技能带动型人才。目前,全国农村实用技术人才严重不足,技能服务型人才的缺乏更加严重,图像处理技术显然需要技能服务型人才去推广应用,由于人才的限制,显然需要一个很长的时间推广普及。

3. 农民的文化层次低

中国 8 亿多农民平均受教育程度不足 7 年,在 4.9 亿农村劳动力中,高中及以上文化程度的只占 13%,初中占 49%,小学及以下占 38%。农民文化层次低造成多方面的问题,一方面农民的意识落后,传统思想严重,对信息化手段、图像技术方面认可度不足;另一方面,即便有部分意识前卫的农民接手信息化和农业技术,但是由于文化程度偏低导致农民无法上网,调查显示,因为不懂电脑/网络技能和不懂拼音而不上网的非国民占比分别为 44.6% 和 36.8%。

4. 图像处理技术专业性强

虽然图像处理技术发展很成熟,图像处理的设备价格也大幅度降低,但是因图像处理技术专业性比较强,需要使用者懂得计算机操作,有一定的英语基础和适当的编程基础,等等,这些条件在当前农村人口文化素质普遍偏低,各类人才缺乏的情况下,很难达到,因此,图像处理技术应用于农业将会面临困难。

四、未来展望

随着图像处理技术的不断发展,农村基础设施的不断完善,新型职业农民文化素质的不断提高,图像处理技术在助力农业高质量发展方面会有更大的施展空间。图像处理技术未来发展趋势主要集中在以下几个方向。

(1)现有算法的改进或新算法的研究。当前,深度学习逐渐成为目前研究的热点,深度学习也逐渐与图像处理技术相融合,极大地提高了图像处理的精度和效率,应用深度学习的图像处理将成为主要发展趋势。

(2)二维的图像往往会丢失图像中的一些关键信息,因此,对三维图像的处理逐渐成为当前的研究热点。三维图像可以较精准地将农作物的结构进行模拟仿真,更直观、精准的呈现农作物的生长过程,为农作物的生长监测、育苗育种提供更高效的实验方法。

（3）以图像识别为技术支撑的农业机器人会越来越多地助力农业生产,使农业智慧化程度越来越高。

（4）图像处理助力农作物生长监测,会让农业生产全过程实现数字化,以数字为依据的生产过程是农业绿色化发展的有力依据和保障,因此绿色发展是未来农业发展的时尚潮流。

参考文献

[1]张晓云.基于叶片色度与仰角分析的农作物生长状态监测[J].无线互联科技,2018,15(8):113-114.

[2]江杰,赵宇亮.绿色植物生长参数监测系统设计[J].电工技术,2019,(18):156-157.

[3]崔明,陈仕雄,李民涛.基于图像处理的草莓花朵识别算法研究[J].数字技术与应用,2019,37(12):109-111.

[4]张起荣,陈善雄,余廷忠,等.基于视觉识别技术的移动式樱桃采摘机器人设计[J].科学技术与工程,2017,17(17):261-265.

[5]伍坪.基于 DSP 图像处理和 HPI 通信接口的采摘机器人设计[J].农机化研究,2017,39(10):228-232.

[6]刘连忠,李孟杰,林源丰,等.基于图像处理的茶树含氮量诊断方法初步研究[J].北华大学学报(自然科学版),2019,20(1):114-120.

[7]张开兴,吕高龙,贾浩,等.基于图像处理和 BP 神经网络的玉米叶部病害识别[J].中国农机化学报,2019,40(8):122-126.

[8]苏博妮.基于图像处理的水稻病虫害识别技术[J].信息技术与信息化,2018(5):96-98.

[9]彭吴琦,赵坤坤,焦倩雪,等.基于图像处理的农田作物病害识别研究[J].福建农业,2015(6):115.

[10]郭小清,范涛杰,舒欣.基于图像融合特征的番茄叶部病害的识别[J].湖南农业大学学报(自然科学版),2019,45(2):212-217.

[11]王彦翔,张艳,杨成娅,等.基于深度学习的农作物病害图像识别技术进展[J].浙江农业学报,2019,31(4):669-676.

[12]熊俊涛,卜榕彬,郭文稻,等.自然光照条件下采摘机器人果实识别的表面阴影去除方法[J].农业工程学报,2018,34(22):147-154.

[13]吴义满.基于 DSP 的移动采摘机器人目标识别视觉系统设计[J].农机化研究,2018,40(10):243-246.

第二章

图像处理方法与算法研究

　　图像处理技术的应用领域十分广泛,针对农业技术领域,图像处理技术主要应用于图像的分析、识别方面。这一切都要基于图像的采集。在农作物图像采集过程中,会遇到各种干扰(比如雾、霾、风等因素的影响),从而造成图像的噪声,有些噪声是均匀的,有些噪声是不均衡的,噪声会对后期图像识别造成很大影响,因此对图像进行降噪处理非常必要。降噪处理可增强图像的质量,提高画面清晰度。这对图像数据分析、图像识别以及图像后期合成等都非常重要。

一、图像增强技术

　　图像增强技术是图像处理的一个专业术语,是将原来不清晰的图像变得清晰或强调某些感兴趣的特征,抑制不感兴趣的特征,使之改善图像质量、丰富信息量,加强图像判读和识别效果的图像处理方法。

　　如前所述的图像处理技术在农作物生长监控、农作物病虫害识别、果蔬采摘机器人等方面的应用,都要经过图像的采集、图像预处理、图像分割、图像识别等过程。要提高识别的精确度,就需要高清晰度的图像。在图像采集过程中,由于设备、天气等原因,会导致采集的图像出现模糊不清的情况。模糊图像也称为图像有噪声或者有噪点。图像的噪声可以分为高斯噪声、椒噪声、盐噪声、椒盐噪声等。要提高图像质量,就要对图像进行增强处理、降噪处理。关于降噪处理方法可根据噪声的分类而确定,对于椒噪声、盐噪声、椒盐噪声可采用中值滤波、最大值滤波和最小值滤波算法对图像降噪,对于高斯噪声可采用智能降噪方法。

　　图像的噪声是图像在拍摄或者传输过程中受到的随机信号干扰,图像噪声的存在会使图像降质,这对后续图像的处理和图像视觉效应将产生不利影响。噪声种类很多,如电噪声、机械噪声、信道噪声和其他噪声。因此,为了抑制噪声,改善图像质量,便于后期处理,必须对图像进行去噪预处理。图像噪声使得图像模糊,甚至淹没图像特征,给分析带来困难。

1. 几种常见降噪算法

图像噪声分类的标准有很多,不同标准,噪声的名称也不一样。比如:按照产生的原因可分为内部噪声和外部噪声;按照噪声与信号的关系可分为加性噪声和乘性噪声;按照概率密度函数(PDF)分类可分为高斯噪声、瑞利噪声、伽马噪声、指数分布噪声、均匀分布噪声等。针对不同的噪声,可以采用不同的降噪方法,在此介绍一下几种常见的降噪算法。

(1)均值滤波算法　均值滤波算法也称线性滤波,主要思想为邻域平均法,即用几个像素灰度的平均值来代替每个像素的灰度。有效抑制加性噪声,但容易引起图像模糊,可以对其进行改进,主要避开对景物边缘的平滑处理。基于 Matlab2019(b)用均值滤波对高斯噪声处理效果如图 2-1 所示。

（a）处理前　　　　　　　　　　（b）处理后

图 2-1　处理前后对比

从图中可以看到,处理后噪点降低,但整个图像因为平滑引起了图像的模糊。

(2)中值滤波　基于排序统计理论的一种能有效抑制噪声的非线性平滑滤波信号处理技术。中值滤波的特点即是首先确定一个以某个像素为中心点的邻域,一般为方形领域,也可为圆形、十字形等,然后将领域中各像素的灰度值排序,取其中间值作为中心像素灰度的新值,这个领域被称为窗口,当窗口移动时,利用中值滤波可以对图像进行平滑处理。其算法简单,时间复杂度低,但其对点、线和尖顶多的图像不宜采用中值滤波。很容易自适应化。基于 Matlab2019(b)用中值滤波对高斯噪声处理效果如图 2-2 所示。

（a）处理前　　　　　　　　　　　　（b）处理后

图2-2　中值滤波处理前后对比

很显然，中值滤波能够保护边缘，对椒盐噪声的降噪效果十分理想，这个也充分体现了 MATLAB 软件对图像处理功能之强大。

（3）Wiener 维纳滤波　使原始图像和其恢复图像之间的均方误差最小的复原方法，是一种自适应滤波器，根据局部方差来调整滤波器效果。维纳滤波对于去除高斯噪声效果明显，如图2-3 所示。

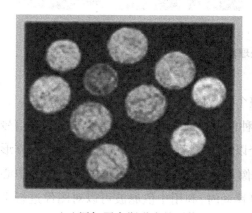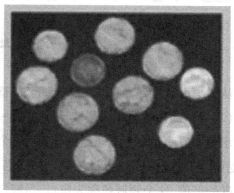

（a）添加了高斯噪声的图像　　　　　　　（b）维纳降噪效果

图2-3　维纳滤波处理效果

2. 不均衡噪点模糊图像的智能降噪算法研究

在此提出了一种针对不均衡噪点模糊图像的智能降噪算法，不均衡噪点图像是指在图像拍摄、采集、存储等过程中产生的随机噪点。针对不均衡噪点模糊图像的增强,首要的是进行图像分割。首先采用基于类间方差最大化的分割算法,将图像分为背景和目标两类,确定阈值;然后根据局部噪点的变化进行自适应降噪,达到智能化降噪的目的,实验结果表明,该算法的去噪效果优于其他算法,能够保留边缘细节,增强视觉效果。

为了获得高质量的图像,需要对不均衡噪点模糊图像进行降噪处理。但实际上,噪点的产生和分布是随机的,在去除图像噪点时,大多数方法都很难做到不影响边缘或纹理信息。如将 NAPCA 与复小波变换相结合的降噪算法(简称算法1)、基于三维轴距的算法(简称算法2)、基于自适应分数阶差分和双边滤波的去噪算法(简称算法3)等。这些算法的缺点是图像信号经过变换后阈值较高,细节信号丢失,它不能揭示图像信号的非平稳特性,在去噪的同时无法保留边缘细节,视觉效果较差。

为了克服这些问题,尝试利用一种基于贝叶斯估计的不均衡噪点模糊图像的智能降噪算法(本文算法1),实验验证了此算法的有效性。

实验过程:

(1)不均衡噪点模糊图像分割阈值的确定

图像背景和目标的平均计算表达式如下:

$$u_B(T) = \frac{1}{w_B(T)} \sum_{0 \le k \le T} k°p(k) \tag{2-1}$$

$$u_O(T) = \frac{1}{w_O(T)} \sum_{0 \le k \le m-1} k°p(k) \tag{2-2}$$

式(1)、式(2)中 T 为不平衡噪点模糊图像的阈值;k 为梯度的大小;$p(k)$ 为梯度幅值在所有梯度幅值中的比例;m 为像素梯度幅度的最大值;$w_B(T)$ 和 $w_O(T)$ 为图像背景系数和目标系数。则图像的总均值表达式为:

$$u = w_B(T)u_B(T) + w_O(T)u_O(T) \tag{2-3}$$

图像背景和目标中像素的类间方差定义如下:

$$G(T) = w_B(T)°[u_B(T) - u]^2 + w_O(T)°[u_O(T) - u]^2 \tag{2-4}$$

最优阈值 g 的计算公式如下:

$$g = \arg \max_{0 \le T \le m-1} [G(T)] \tag{2-5}$$

(2)不平衡噪点模糊图像小波系数的局部方差估计

设计了幅度相似模糊度函数 $\mu_{i,j}$ 和空间接近模糊度函数 $d_{i,j}$,表达式为:

$$\mu_{i,j} = \exp\left[-\left[\frac{\omega_{i,j} - \omega_{\kappa,l}}{K}\right]^6\right] \tag{2-6}$$

$$d_{i,j} = \exp -\left[\frac{(i - \kappa)^2 + (j - l)^2}{D^2}\right] \tag{2-7}$$

式（6）、式（7）中，κ,l 为图像中心点的坐标；i,j 为图像中邻域点的坐标；$\omega_{\kappa,l}$，$\omega_{i,j}$ 分别为图像的中心点和相邻点的小波系数；K 是一个常数；D 的值是窗口 $M(\kappa,l)$ 的长度 L，窗口的长度以 κ,l 为中心。

根据幅值相似模糊度函数和空间接近模糊度函数，对模糊图像进行智能去噪后的函数为 $s_{i,j}$，$\hat{\delta}_y^2$ 是模糊图像新的局部方差。

$$s_{i,j} = \hat{\delta}_y^2 \vee \mu_{i,j} \times d_{i,j}$$

3. 实验设置和分析

在 Matlab R2011b 算法模拟，测试图像像素大小 256×256 选为实验数据的高斯白噪点（图 2-4）意思是 $u = 0$，方差 $\sigma = 10,20,30$ 被添加到标准测试图像，搜索窗口的大小为 13×13 像素，平滑参数的选择等于噪点标准差，选择 PSNR 作为总体评价标准，采用均方误差（MSE）来衡量误差变化的程度。

（a）景观形象　　　　　　（b）动物形象　　　　　　（c）建筑形象

图2-4　标准实验图像

从图 2-5 可以看出，本文算法 1 在几个方面的降噪效果都得到了改进，该算法在局部边缘变化区域的降噪效果优于其他对比度算法，可以更好地保留图像的细节信息。

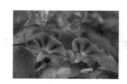

（a）原始模糊图像（δ= 10）　　（b）算法参考[1]　　（c）算法参考［3］(d)本文算法[1]

当δ= 10 比较不同算法的智能降噪结果

（a）原始模糊图像（δ＝30）　　　　　　　　　（b）算法参考［1］

（c）算法参考［3］　　　　　　　　　　　　（d）本文算法［1］

当δ＝30 比较不同算法的智能降噪效果

图2-5　不同方差下降噪效果比较

随着搜索窗口大小的增加,降噪的优势更加明显,但运行时间更多。随着窗口大小的增加,相同大小的窗口之间运行时间的幅度更大。此外,一些实验结果表明,在本实验中相似的窗口大小可以获得更好的结果(表2-1)。

表2-1　不同搜索窗口计算的 PSNR 和计算时间的比较

对比方面	图像		
	图像 4（a）（δ＝20）		
搜索窗口大小	9×9	11×11	13×13	15×15
运行时间（s）	178.42	352.48	574.19	831.13
PSNR 值（dB）	30.02	30.68	31.18	31.45

与其他算法相比,该算法降低了 PSNR 和 MSE 的噪点,去噪效果优于其他两种算法,见表2-2。

表 2-2　每一种算法降噪后的 PSNR 值和 MSE 值

图像	噪点差额	PSNR			MSE		
		算法参考[2]	算法参考[3]	本文算法[1]	算法参考[2]	算法参考[3]	本文算法[1]
图像 4(a)	$\sigma = 10$	32.78	33.15	33.66	34.41	31.42	27.88
	$\sigma = 20$	29.37	30.57	29.17	75.32	56.77	55.78
	$\sigma = 30$	27.15	28.12	27.92	124.66	101.23	104.72
图像 4(b)	$\sigma = 10$	29.87	31.25	31.69	66.48	46.89	43.65
	$\sigma = 20$	26.89	27.06	27.51	137.23	124.87	104.39
	$\sigma = 30$	27.13	25.06	26.15	25.79	178.32	179.65
图像 4(c)	$\sigma = 10$	31.93	33.26	32.68	41.64	30.69	27.48
	$\sigma = 20$	28.69	30.32	29.98	86.17	61.03	65.98
	$\sigma = 30$	26.95	27.89	27.87	139.65	108.24	110.86

由于图 2-4(a)和(c)中物体与透镜的距离很近,通过图像分割得到的纹理轮廓可清晰地反映原始信息。而图 2-4(b)正好相反,因此分割后得到的图像轮廓信息不清晰,分割边缘偏移,影响图像分割效果。

基于贝叶斯估计的不均衡噪点模糊图像去噪算法,实验结果表明,该算法能够尽可能地保持原始图像的结构信息,并且比其他算法具有更好地去噪效果。但是,如何减少算法的运行时间,减少噪点对图像分割的影响,还需要进一步研究。

二、图像分割技术与算法研究

图像分割是数字图像处理中的关键技术之一。图像分割是将图像中有意义的特征部分提取出来,如图像中的边缘、区域等,这是进一步进行图像识别、分析和理解的基础。在图像分割之前一般都需要进行图像增强,提升图像的质量,这样可以有助于在分割中提取特征。虽然目前已研究出不少边缘提取、区域分割的方法,但还没有一种普遍适用于各种图像的有效方法。因此,对图像分割的研究还在不断深入之中,是目前图像处理中研究的热点之一。在此以灵芝图像为研究对象,研究图像分割的算法。

在灵芝工厂化生产过程中,为了对灵芝的长势和形态进行准确判断,对采集的灵芝图像分割技术进行研究。采用图像增强算法提升了图像的清晰度,利用遗传算法寻找图像分割的最优阈值,从而将灵芝图像从原始采集图像中快速分离,得到了清晰完整的灵芝图像,提高了传统阈值法的分割效率。

灵芝作为一种重要的食药用菌,被广泛地用在各种中药制剂中。灵芝虽然已经实现了人工栽培,但栽培方式还停留在传统的大棚栽培方式上,产量少而且栽培质量难以保障,已经不能满足实际需求。近年来,食用菌产业发展正向着工厂化生产转变,工厂化的生产可以实现食用菌的标准化生产,保障了食用菌的品质和产量,灵芝栽培也正向着工厂化栽培方向发展。在灵芝工厂化栽培过程中,需要根据灵芝不同阶段的生长状态调整喷水、光照和通风等环境参数,人工根据灵芝子实体的形态来判断生长阶段,存在一定的判断失误风险,人为主观观察生长状态会有一定的错误概率,造成灵芝工厂化生产时的车间温湿度、光照时间等不能及时调节。同时,灵芝的成熟形态也需要人工根据经验进行判断,何时进行灵芝孢子粉的采摘也是一个目测经验判断;而且灵芝作为一种中药材,其品质等级划分也是依靠人工分拣挑选,费时费力还容易出错。

基于上述问题,如果能够自动根据灵芝的长势和形态判断生长阶段,自动调节灵芝生长环境参数,就可以实现对灵芝工厂化生产的自动化控制,提高灵芝产品的标准化程度。采用计算机视觉和图像识别技术,对灵芝生长形态和长势通过图像识别进行自动科学判断,即时掌握灵芝生长信息,就可以为灵芝的生长环境控制、采摘收获及等级划分等提供科学的依据。

在食用菌工厂化生产过程中,会安装有许多的监控设备,用于监控生长状态和环境参数。通过这些监控设备对灵芝生长状态图像进行采集,就可以获得第一手的数字图像。

采集到的灵芝数字图像包含的信息量非常大,分辨率越高的图像越清晰。一般而言,高视觉感的图像会让观赏者感到赏心悦目,另外,清晰度高的图像也便于科研工作人员分析提取某些特征和特殊信息。然而在灵芝生产实际中,由于受环境噪声及采集设备本身的性能限制,如厂房中的水气、光照等影响成像的条件,摄像头本身精度不高等,还有图像在传输过程中信号能量衰减和干扰等。这些都会导致得到的图像清晰度降低,可研究分析的性能或实用性大大降低。所以,直接采集的多数原始图像并不能直接被用来进行图像处理。为了能让人们对图像信息得到准确无误的理解,便于做出正确的信息决策和后继应用,很有必要对采集到的原始图像进行增强处理,一方面去除干扰噪声,另一方面提高细节清晰度和层次感。

(1)图像预处理 已经有许多数字图像的增强方法可以应用在灵芝图像的增强上,如直方图均衡、平滑及锐化等。为了提高灵芝图像的质量,采用了图像增强的方法,主要是对采集到的灵芝图像进行对比度的提高、去除图像的噪声干扰、对图像边缘的细节信息进行优化,以提升整个图像的清晰度。此处采用平滑处理来去除图像的噪声干扰,尽量保持灵芝图像的边缘轮廓和细节特征,图像平滑中最常用的有消噪声掩模法、多图像平均法、邻域平均法等。

1）消噪声掩模法。可用于消除随机相加噪声，该算法实际是一种时域的低通滤波器的设计思想，但随着平滑作用的加强，所带来的副作用会越大，实际图像反而会更模糊；而多图像平均法是以噪声干扰的统计学特征为基础的。如果一幅图像包含噪声，可以假定这些噪声相对于每一个坐标点 (x,y) 是不相关的，且其数学期望值为零。N 幅图像平均后的图像信噪比是单幅图像信噪比的 $N^{1/2}$ 倍。在实际图像采集中这种方法应用较多，但是图像的后继处理中，由于很难得到多幅图像，在实际应用中也受到很多限制。因此，此处采用邻域平均法（简称本文算法2），用于灵芝图像的噪声消除。

2）邻域平均法。邻域平均法的数学表达式如式（2-8）所示。

$$g(x,y) = \frac{1}{M} \sum_{(m,n) \in S} f(x-m, y-n) \tag{2-8}$$

式中：$f(x-m, y-n)$ 为给定的灵芝图像，$g(x,y)$ 为经过噪声消除后得到图像，M 为邻域内所包含的像素总数，S 为事先确定的邻域，但该邻域不包括 $f(x,y)$ 这个点。

例如：一个半径为1的邻域可表示为：

$$S_1 = \{(x,y+1), (x,y-1), (x+1,y), (x-1,y)\} \tag{2-9}$$

对应的 $M=4$，将邻域 S_1 用卷积表示为：

$$g(x,y) = h(x,y) \times f(x,y) = \sum_{(m,n) \in S} \sum h(m,n) f(x-m, y-n) \tag{2-10}$$

式中：$h(x,y)$ 为低通滤波器的脉冲响应函数，对应半径为1的邻域，该响应函数的值为：

$$\frac{1}{4} \begin{bmatrix} 0 & 1 & 0 \\ 1 & 1 & 1 \\ 0 & 1 & 0 \end{bmatrix} \tag{2-11}$$

该邻域平均法算法简单，计算速度快，但需要注意邻域的取值范围，一般不宜过大，以免影响图像的清晰度，我们可以采用取阈值的邻域平均法，以避免出现这类问题。

（2）梯度值及阈值 P 的求取　在灵芝图像的处理过程中，图像像素点的梯度值求取是一个必要的步骤，在图像增强处理中，不论是依据梯度值属性，还是依据子块均值差属性，都是将图像划分成两个等价类。梯度值属性将图像划分成亮暗两个等价类，子块均值差将图像划分成噪声区和非噪声区两个等价类，从而对图像进行亮区和暗区的划分。但前提是要正确计算图像象素点梯度值的大小，因而计算象素点的梯度值是必不可少的，其具体方法如下：

图像在点 $x(m,n)$ 处，梯度对应一阶导数，梯度算子是一阶导数算子，梯度 $G[x(m, n)]$ 的幅度计算为：

$$G[x(m,n)] = [(\partial x/\partial m)^2 + (\partial x/\partial n)^2]^{1/2} \tag{2-12}$$

对于数字图像,可用差分法代替式(2-5)的微分法,式(2-5)可改写为:

$$G[x(m,n)] = [\Delta_m x^2 + \Delta_n x^2]^{1/2} \tag{2-13}$$

式中:$\Delta_m x = x(m,n) - x(m+1,n)$,$\Delta_n x = x(m,n) - x(m,n+1)$

采用近似形式表示为:

$$G[x(m,n)] = |\Delta_m x| + |\Delta_n x| \tag{2-14}$$

根据上述计算就可以求得图像中每一点的梯度值大小,需要注意的是其中最后一行和最后一列用其前一行或前一列的梯度值近似代替。算出梯度值后,一来可以完成图像梯度信息的知识化,二来方便于接下来划分亮暗区阈值 P 的求取,P 可以按照式(2-8)求得:

$$P = \frac{1}{M \times N} \sum_{m=1}^{M} \sum_{n=1}^{N} (G^2[x(m,n)])^{\frac{1}{2}} \tag{2-15}$$

即阈值 P 是所有像素点梯度值均方和的平均值。

(3)子块均值及阈值的计算　图像中特定形状窗口内像素灰度值均值的求取是图像处理的常用算法,根据这一算法的基本方法,我们取灵芝图像中的一个 4×4 方形子块,计算其灰度值均值,标记子块 s 的均值为 $V(s)$,则其计算公式如下:

$$V(s) = \frac{1}{16} \sum_{m}^{m+3} \sum_{n}^{n+3} x(m,n) \tag{2-16}$$

式中:$x(m,n)$ 为图像在点 (m,n) 处的像素灰度值

子块的划分提取是计算其均值的前提,这里可运用 MATLAB 中的矩阵子块调用指令,设划分好子块后的矩阵为 h,原矩阵为 H,且原始图像 H 的大小为 $M \times N$,则有:

$$h = zeros(m,n,a \times b) \tag{2-17}$$

其中 m,n 分别为子块矩阵集 h 中单个小矩阵块的宽度和高度上的像素点数,$a = M/m,b = N/n$,且 a,b 都为正整数。这里设 $m = n = 4$,对于大小为 256×256 的灵芝图像来说,$a = b = 64$,即将原始图像可划分成 4096(64×64)个 4×4 的子块图像。划分好子块后,既可按照上述均值 $V(s)$ 的计算方法计算各个子块的灰度均值。阈值是通过分析图像噪声统计特性来估计的,由于图像中干扰噪声基本属于高斯噪声,对其均值和均方值分别进行统计后,取阈值为 3 倍的均方值,其中均值和均方值计算方法如式(2-11)、式(2-12)所示:

$$\bar{X}(m,n) = \frac{1}{M \times N} \sum_{m=1}^{M} \sum_{N}^{m} x(m,n) \tag{2-18}$$

$$\delta(m,n) = \frac{1}{M \times N} \sum_{m=1}^{M} \sum_{n=1}^{N} [x(m,n) - \bar{X}(m,n)]^2 \tag{2-19}$$

（4）基于遗传算法的图像分割

1）图像分割与遗传算法。图像分割是图像处理中的一项技术，是在不同条件要求下，将一张图像分割成具有特定特征的区域，并提取其中感兴趣目标的过程。经常被用来简化图像表达方式，以便于准确得到图像所包含的有效信息。这些图像特性可以用几何特征、灰度特征等来表示。而遗传算法是一种利用生物染色体遗传理论的算法，它模拟了生物在自然选择进化过程中一代代不断优化从而达到最佳生存状态过程，通过模拟染色体来生成数据集，对数据采用生物染色体的复制、交叉和变异方法，从而模拟自然选择进化的方式来得到最优解。

对于二维图像来说，可以将遗传算法应于图像分割中，对图像分割过程中的阈值进行优化选择，快速、准确地进行图像分割，利用遗传算法的优势来提高图像分割的性能。

遗传算法通过对多个个体的迭代搜索来逐步找出图像分割问题的最优解，多个个体组所构成的群体作为进化的对象，个体的染色体代表待优化问题的解，个体的适应度值就是由解的值计算得到的适应函数的值，反映的是个体的适应能力。初始种群中的每个个体通过随机方法产生后，首先遵循适者生存、优胜劣汰的进化规则，根据适应度值的大小，判断个体的优劣程度，依此进行选择，然后按照交叉概率从当前种群中随机选取两个个体，交换部分基因形成两个新的个体，构成下一代的染色体，最后按照变异概率使个体基因的某一位发生变化，这样可以维持种群的多样性，往复迭代，直至条件满足。算法主要流程如图 2-6 所示。

2）图像分割中的遗传算法。标准的遗传算法编码方法有二进制编码、格雷编码、浮点数编码等多种编码方式，由于图像分割的目的就是将感兴趣的部分从图像背景中分割出来，因此需要确定一个灰度的分割阈值。而遗传算法可以进行快速全局搜索，利用遗传算法这一特性就可以快速对图像分割阈值进行搜索，得到最优的分割阈值，从而提高图像分割效率。我们可以用染色体来表示分割阈值，从而确定编码染色体，编码方式采用浮点数编码，以提高遗传算法的计算精度。在开始进行初始种群选择时，按照遗传算法的启发式方法进行给定变量的微调，这样得到的初始种群都在可行域范围内。

选择适应度函数的目的实际上是为了评价最优阈值，采用遗传算法增加罚函数，使优秀个体尽可能遗传到下代，这样遗传到下一代的个体将更加靠近最优阈值。在选择方式上，为了便于和改进遗传算法做比较，这里采用的选择方式为随机遍历抽样法，通过随机遍历抽样，选择到的个体将遗传到下一代中。通过计算，将种群中每个染色体的适应度值按照适应度值的大小进行排序，从中选择阈值排名靠前的个体来替代排名靠后的个体。

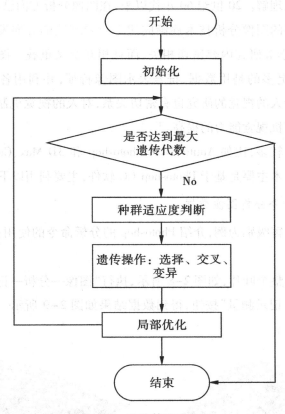

图2-6 遗传算法流程图

进行遗传交叉和变异,将得到的新个体再重复上面的适应度计算,从而完成一代进化的过程,得到新的更优的遗传个体。将这样的遗传进化过程进行重复,一般在进行5代进化后,平均适应度值就已经不超过1%,此时就可以得到最优的阈值,按照这个阈值对图像进行分割处理就能得到更为完整的分割图像。

灵芝图像分割的关键就是找到图像的最优分割阈值。因此使用遗传算法中的染色体来表示分割阈值,利用遗传算法的快速全局搜索能力来对最佳阈值进行搜索,大大提高了传统阈值法的分割效率,而且分割结果也有一定的优化。可以快速将灵芝图像从原始采集图像中分离出来,得到更加清晰完整的灵芝生长形态,使计算机能够自动识别灵芝长势形态,从而精准确定灵芝所处的生长阶段,采取相应的养护栽培方式,减少人工辨别失误。

三、图像分析方法

图像分析是用模式识别和人工智能方法对物景进行分析、描述、分类和解释的技术,又称景物分析或图像理解。20 世纪 60 年代以来,在图像分析方面已有许多研究成果,从针对具体问题和应用的图像分析技术逐渐向建立一般理论的方向发展。图像分析同图像处理、计算机图形学等研究内容密切相关,而且相互交叉重叠。图像分析则着重于构造图像的描述方法,更多的是用数据、符号表示图像特征,并利用各种有关知识进行推理。图像分析与关于人的视觉的研究也有密切关系,对人的视觉机制中的某些可辨认模块的研究可促进计算机视觉能力的提高。[①]

图像分析软件比较多,比如 Auuto CAD、Photoshop 和 3D Max、Corel Draw 等,在本书所采用的图像分析技术主要是基于 Photoshop CC 软件,主要利用以下几个方面。

1.利用"分析"命令分析图像数据

以计算农作物病害级别为例,介绍 Photoshop 的分析命令的使用:打开一幅有病变的树叶,如图 2-7 所示。

用魔棒工具选择整个叶片,如图 2-8 所示,执行"图像—分析—记录测量"命令,打开测量记录调板,单击"记录测量"按钮,得到数据结果如图 2-9 所示。从图中可以看到叶子的面积为 150014。

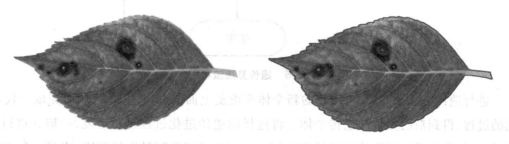

图 2-7　病变树叶　　　　　　　　图 2-8　选择整个叶子

图 2-9　整片叶子面积记录

① https://baike.so.com/doc/6526016-6739748.html.

再选择叶子的病变部位,如图2-10所示,再次单击"记录测量"得到病变部位的总面积(5848)和每个小块的面积,测量7个特征面积加起来恰好是测量4的总面积,如图2-11所示。

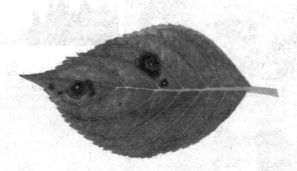

图2-10　选择病变部分

时间轴　测量记录

记录测量

	标签	日期和时间	比例因子	比例	文档	面积
0001	测量 1	2020/11/4 21:46:16	1.000000	1 像素 = 1.0000 ...	staff_1024.jpg	150014.00...
0008	测量 4	2020/11/4 21:57:05	1.000000	1 像素 = 1.0000 ...	staff_1024.jpg	5848.000000
0009	测量 4 - 特征 1	2020/11/4 21:57:05	1.000000	1 像素 = 1.0000 ...	staff_1024.jpg	2942.000000
0010	测量 4 - 特征 2	2020/11/4 21:57:05	1.000000	1 像素 = 1.0000 ...	staff_1024.jpg	269.000000
0011	测量 4 - 特征 3	2020/11/4 21:57:05	1.000000	1 像素 = 1.0000 ...	staff_1024.jpg	2334.000000
0012	测量 4 - 特征 4	2020/11/4 21:57:05	1.000000	1 像素 = 1.0000 ...	staff_1024.jpg	210.000000
0013	测量 4 - 特征 5	2020/11/4 21:57:05	1.000000	1 像素 = 1.0000 ...	staff_1024.jpg	77.000000
0014	测量 4 - 特征 6	2020/11/4 21:57:05	1.000000	1 像素 = 1.0000 ...	staff_1024.jpg	8.000000
0015	测量 4 - 特征 7	2020/11/4 21:57:05	1.000000	1 像素 = 1.0000 ...	staff_1024.jpg	8.000000

图2-11　数据展示

计算病变率,病变率=叶子总面积/病变面积=150 014/584 8=3.89%

通过对病变率的计算,可以精准定级病害级别,进而精准施药,达到农药充分吸收,减少或避免农药对大气和土壤的污染。

2. 利用"直方图"分析图像

打开一幅偏暗图像、正常图像、偏亮图像,分别执行"窗口—直方图"命令,效果如图2-12、图2-13、图2-14所示。

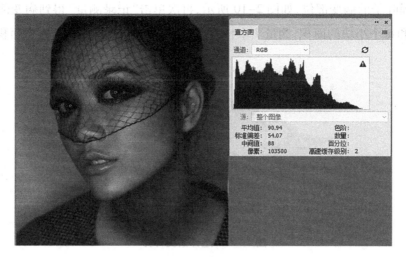

图 2-12　偏暗图像的直方图

图 2-13　正常图像直方图

图 2-14　偏亮图像直方图

通过图像上述三个图像及其直方图可知，直方图曲线与图像效果一一对应，可以根据直方图像素分布，进行色阶、曲线等调整，使图像趋于正常。另外，直方图中还显示了平均值、标准偏差、中间值、像素等参数的数量，通过数据可以对图像进行更深层的分析。

四、农作物叶面积指数（LAI）测量方法

测量叶面积指数的方法有直接测量法和间接测量法，直接测量法就是直接利用叶面指数测量仪来测量，目前国内叶面指数测量仪技术已经非常成熟，可以在淘宝、京东等多家商店购买。叶面指数测量仪快速、精确，但是价格昂贵，少则也得上万元，对于农民来说购买不起。而间接测量法的前提需要测量叶面积，叶面积测量方法有方格测量法、描

形称重法、回归方程法、图像处理法,本文基于 Photoshop 图像处理技术(简称 PS)进行叶面积及叶面积指数测量,具有测量精度高;所需设备简单,成本低;处理简单,快捷等优点,以大豆为例介绍测量方法。

　　利用 PS 测量叶面积方法是首先采集大豆叶片的图像,为了方便后期测量,在采集大豆叶片图像之前,需要在叶片上粘贴已知尺寸和面积的标记物(一般为长方形),如图2-15所示。然后针对图像利用 PS 的"分析"命令子菜单的"设置测量比例 S"命令,进行比例设置;设置好比例后在利用魔棒工具选择叶片;最后利用测量记录面板完成叶面积的计算。利用此测量法首先计算出 10 株样品大豆的所有叶片面积;计算出每株大豆的平均叶面积;再根据测量的已知面积中包含的大豆植株数字,计算出平均每亩大豆的植株数字,进而计算出叶面积指数。

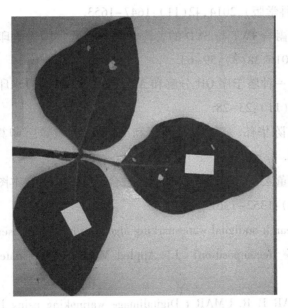

图2-15　白色小矩形为参考标记

五、遥感图像处理方法

　　遥感技术与图像处理技术的联系十分紧密,图像处理技术广泛应用于遥感技术,遥感技术对图像处理技术的应用,最能直接体现该技术的发展现状。①

――――――――――

① https://www.360kuai.com/pc/96a46f36d64e712ac? cota = 4&kuai_so = 1&tj_url = so_rec&sign = 360_57c3bbd1&refer_scene＝so_1.

关于遥感图像实现农业保险理赔原理与前面计算农作物病害级别方法相似,只是图像来源不同。

参考文献

[1]廖洪建,黄良永.再生混凝土结构连续倒塌的概念设计研究[J].四川建筑,2014(34):93-94.

[2]巫朝霞,郑阶盼.再生混凝土连续刚构桥的抗压性能评价[J].中国公路学报,2014(27):74-81.

[3]秦卫红,冯鹏,施凯捷,等.玻璃纤维加固梁柱结构抗连续倒塌性能数值分析[J].同济大学学报(自然科学版),2014,42(11):1647-1653.

[4]廖洪建,黄良永.融合 IWT 与 SVD 的鲁棒和隐蔽性数字图像水印方案[J].湘潭大学自然科学学报,2016,38(3):59-63.

[5]巫朝霞,郑阶盼.一种塔于序 QR 分解和 Adalkaos 分类器的直水印算法[J].计算机应用研究,2016,33(11):23-28.

[6]吴录慎,孙德智,陈华伟.基于神经网落和 HVS 的空域数字印算法[J].光学技术,2016.42(3):227.

[7]朱新山,陈砚鸣,董宏辉,等.基于双域信息融合的鲁棒二值文本图像水印[J].计算机学报,2011,37(6):1352-1361.

[8]WANG Y Y. Research ondigital watermarking algonthm hased on diserete wavelet transform and singular value decomposition1[J]. Appled Mechanics &. Materinls, 2015, 28(3):1813-1816.

[9]KRSIHAM. KUMAR R R. UMAR t Digitalimage warmaking using Fiom eei transform in YIQ coor space[J]. International Journal of Computer Applications. 2011, 101(15).28-35.

[10]马婷,高大鹏,陈农田.复合彩色数字水印图像抗攻击优化方法仿真[J].计算机仿真,2016,33(6):418-422.

[11]苏获,刘晓东.基于 OpenCV 的智能视频监控告警系统的研究[J].电子设计工程,2016,24(3):26-28+36.

[12]继新.灵芝工厂化栽培技术[J].科普田园,1990,(3):18-19.

[13]徐振驰,纪磊,刘晓荣,等.基于显著性特征的食用菌中杂质检测[J].计算机科学,2015,42(11):203-205,217.

[14]王运圣,赵京音,郭倩,等.杏鲍菇形态特征获取的图像分割算法[J].农业网络信息,2010(1):15-18.

[15]王秀萍,何忠蛟.不同照明条件下菌菇罐头中发丝的准确识别[J].农业工程学报,2014,30(4):264-271.

[16]梁晋谊,成传荣,许克勇,等.灵芝的工厂化栽培技术[J].食用菌,2015,37(3):30-31.

[17]朱卫华,吴建华,李建民.改进的选择式掩模法在图像平滑中的应用[J].南昌大学学报(工科版),2002,(1):34-36.

第三章
图像处理技术助力农业播种"精细化"

播种是农业生产重要的作业环节之一,也是起始环节。播种的质量决定了后期幼苗的发芽情况。高质量、精细化的播种,会使幼苗稠密度恰到好处,避免了剔苗、补苗的劳动环节,大大节省了劳动力,也使种子能够得以充分利用。

一、研究背景和意义

"新农村建设一定要走符合农村实际的路子,遵循乡村自身发展规律,充分体现农村特点,注意乡土味道,保留乡村风貌,留得住青山绿水,记得住乡愁①。"近年来美丽乡村建设取得了一定的成绩,以河南省驻马店遂平县阳丰乡为例,目前实现了公路村村通、路路通、田间小路也是水泥硬化路面、垃圾统一管理、试点村庄的民房风格由政府出资改造、村庄绿植由政府统一规划配置:条条道路两边都有景观树、绿草花卉,让传统的农村披上了彩装,路边花卉和景观树在一望无际的绿野中显示出耀眼的光芒,打造出"高颜值农村"风貌,如图3-1所示。让离乡游子思乡情更浓,让城中人对农村充满向往,美丽乡村建设将带动乡村旅游"火"起来。

花卉是美丽的化身,凡是美的地方,少不了花的点缀,然而在美丽乡村建设过程中关于路边花卉种植方面也遇到一些问题。

第一,一些农民的思想认识不足。对于美丽乡村建设实施,要做到统一规划,势必影响到一些农民的利益,比如村边、田间道路两边,经常会有农户进行垦荒种庄稼或者种蔬菜。为打造美丽乡村而把农民的垦荒地片的粮食和蔬菜毁掉种植花卉,大部分农民短时间内在思想上不能接受,他们认为这是对农田的巨大浪费。于是很多农民会将花卉毁掉,继续种植粮食农作物或者蔬菜;也有些农民在路边放牧,让牛羊任意啃吃或者践踏花

---

① 2015年1月19日至21日,习近平在云南省考察工作时的讲话。

卉,使得路边原本可以郁郁葱葱的花卉所剩无几,影响了美丽乡村的建设效果和速度,如图 3-2 所示。

图a 公路村村通

图b 民房格调统一化

图c 垃圾统一管理

图d 美丽乡村路边花卉

图e 农家小院

图f 农村健身场地

图 3-1　美丽乡村建设成果展示

图 3-2　遭到破坏的路边花卉

第二,花卉种植技术缺乏。对于农村田间、村边道路两旁的花卉种植,一般都是找当地农民来种植,农民对于粮食农作物种植也许有丰富的经验,但是对于花卉种植并无经验,尤其是很多花卉的种子特别小,如图 3-3 所示。比如鸡冠花、桔梗花、太阳花、薰衣草的种子比芝麻还小;而有些花的种子小到像粉尘,比如斑叶兰的种子长约 0.5 mm、直径 70 μm,只有在显微镜或放大镜下,才看得清楚对于小种子花卉的种植,没有做种子发芽率和发芽势等测试,也没有对路边土地的面积进行测量估算,还凭借种植粮食那样的经验种植,导致花卉出苗稠密度非常不均匀,有些花卉苗稀疏、断条;有些花卉又过于稠密造成种子大量浪费,导致有些路边没有花种可播,出现断带。

图a 桔梗花种子　　　　　　图b 鸡冠花种子　　　　　　图c 薰衣草种子

图3-3　小颗粒花卉种子

第三,缺少资金支持和维护管理。路边花卉的维护管理与种植一样重要,需要有专人管理。花卉幼苗出来对于疏密不均的现象需要补种、剔苗、移栽等手段来补救,在花卉生长过程中,需要施肥、浇水、喷药、除草等管理。这些管理维护不仅需要人力更需要物力、资金等支持,而现实情况是第一年资金足,管理到位,花卉长势好,美化效果理想;随后资金不到位,无管理人员,花卉成长过程是自生自灭状态;有些不耐旱的花卉如遇旱情、病虫害等会大面积枯死;有些地方杂草丛生,把花卉覆盖吞没,如图3-4所示。

图3-4　无人管理的路边花卉

二、实现农作物小颗粒种子计数

1.概念介绍

解决农村花卉种植的关键途径是人才引进和技术培训;对于农村路边花卉的种植技术,最关键的技术是花卉种子发芽率和发芽势的测试,因为发芽率和发芽势是农业在种植过程中进行质量检测的重要指标,种子发芽率是指在常规发芽试验中第7天时已发芽的粒数占总供试粒数的百分比;发芽势指在发芽试验中第3天出芽的粒数占总粒数的百分比:

$$种子发芽势 = \left(\frac{M1}{M}\right) \times 100\% \tag{3-1}$$

$$种子发芽率 = \left(\frac{M2}{M}\right) \times 100\% \tag{3-2}$$

式中：M1——第 3 天时出芽粒数；

　　　M2——第 7 天时出芽粒数；

　　　M——供试种子总数。

发芽率能客观地反映出苗率，发芽势则反映了种子的活力高低。发芽势高的种子，其种子的活力高，出苗整齐、壮实；而发芽率高的种子出苗率高，但苗不一定整齐，也不一定壮实。

种子发芽势和发芽率对种好植株，把握下种数量非常重要。发芽率低的种子轻则造成缺苗断接，重则造成毁种、重种。如果采用补种、移栽，这样不仅造成人力、物力、财力的浪费，而且长出的苗也是参差不齐，影响质量和产量。如果毁种、重种，损失更是惨重。

国家规定的小麦种子发芽率标准是 85%，发芽率低于 85% 的种子不准出售。一般尽量选用发芽率高的种子，最好在 90% 以上。有些人认为，种子的发芽率高低对种植效果影响不大，发芽率低的，下种量大一点就可以弥补，这种想法不科学。发芽率高的种子，一般发芽势也高，这样不仅出苗多，而且出苗快，幼苗健壮，抗病、抗倒伏、抗旱灾等能力比较强；发芽率低的种子往往存在各种各样的问题；也有些种子发芽率虽高，但发芽势低，这样的种子出苗不整齐、细弱、畸形，抗病、抗灾能力弱。

对于粮食农作物种子的发芽率、发芽势直接影响的是粮食的产量，而对于花卉植物，发芽率和发芽势则影响景观效果，所以发芽率和发芽势测试非常必要。不管是发芽率还是发芽势都需要对供试种子总数进行计数，种子大点的，如夜来香、凤仙花等，用人工数数是比较简单的；而像兰科花卉、鸡冠花、薰衣草种子特别小的，利用传统人工计数显然不现实，速度慢、误差大。

2016 年甘肃农业大学动物医学院的张哲等利用相机对平板上培养好的菌落进行拍照，通过 Photoshop 软件对图像进行处理并使用软件中的画笔工具"画掉"图像上的菌落，同时使用鼠标点击计数软件对鼠标点击次数进行统计，即可精确得到平板上菌落数，2016 年湖南农业大学生物科学技术学院李茉莉等利用体视显微镜及配套的 CCD 数字成像系统，获取固定体积样品的全视野图像，运用 Photoshop 软件对细胞显微图像轮廓进行分析计数。基于图像处理计数在小颗粒或者微生物方面的计数应用，本文提出了利用 Photoshop 图像处理技术来进行花卉种子计数，减轻了操作者劳动强度，弥补了人肉眼视力疲劳和脑力疲劳引起的不足之处，可以有效地提高工作效率和计数精度，为后期花卉发芽率和发芽势的测试奠定基础。

2. 对鸡冠花种子计数

（1）原理　以鸡冠花种子为计数对象，将一小药匙鸡冠花种子均匀放在一张 A4 白纸上，保证没有种子重叠、不粘连，用 CCD 相机或者像素比较高的手机自带摄像头拍摄纸上的种子,将采集到的图像导入电脑,采用以下两种方法计数。第一种方法是利用PhotoshopCC(2015版本)自带的计数工具在图片上单击种子位置,每单击一下,计数器生成对应的数字在单击位置上显示出来,单击到最后一个种子的标志数据就是种子个数。第二种方法是利用Photoshop软件进行图像处理,处理成二值图,利用魔棒工具选择种子所在的区域,然后执行"图像—分析"命令,可以瞬间得到种子的精确数量。

(2)方法 材料:一个很小的药匙、一些鸡冠花种子适量、一张白纸、CCD相机或者具有高清摄像头的手机。

【方法1】 利用PhotoshopCC自带的计数工具来计数

准备:利用小药匙装满鸡冠花种子,利用人工计数法,反复多次,确定这批供试种子的确切颗粒数是130颗。

过程:将供试鸡冠花种子放置在白纸上,将种子均匀的散开,不重叠,不粘连,全局光线环境下垂直拍摄(尽量避免阴影或者高光),采集到包含所有种子的图片,然后将图片导入电脑,利用PhotoshopCC软件打开,在工具箱中选择计数工具 1₂³计数工具,在种子上依次单击,把所有的种子单击完,最后一次单击标注数字即为鸡冠花种子数目如图3-5所示。

实验结果:操作前,利用传统手工方法多次计数,确定供试种子颗粒数为130;然后再重新用人工方法数了3次,数据依次为127、130、133,平均用时4′53″65/次,准确率为98.5%;利用甘肃农业大学动物医学院的张哲所提供染画笔染色方法数3次(图3-6),分别为129、130、130,平均用时4′21″55/次,准确率为99.7%;利用PhotoshopCC带的计数工具计数3次,分别是129、130、130,平均用时4′00″51/次,准确率为99.7%。

手工计数造成误差的原因:由于花种颗粒太小、光滑等因素,数数不方便;由于手出汗容易造成种子粘到手上,造成重数或者漏数;长时间肉眼盯着花种数数,容易视觉和脑力疲劳,眼花或者思想跑神。

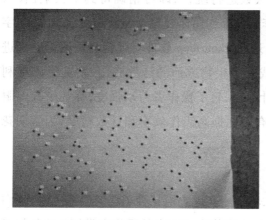
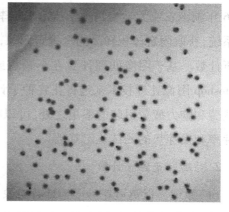

图3-5 利用Photoshop计数工具计数　　图3-6 利用画笔+鼠标计数器计数

利用PhotoshopCC带的计数工具计数法,相对于传统计数法的优势:容易操作,实时标记数字,不会因为脑力疲劳走神忘记数字,而且速度快,计数精确;相对于2016年甘肃农业大学动物医学院的张哲等利用Photoshop的画笔工具"画掉"+鼠标计数器法(图3-6)的优势,在保证与该方法相似的精确度,却省去了使用鼠标计数器软件,避免了误操作造成的计数误差,在速度方面也有所提高。

此方法缺点分析:在利用计数器标记的过程中,人工的成分很多,肉眼观察需要很仔细,否则容易漏标,尤其是分布比较稠密的部位漏标的可能性更大,减少漏标的方法是尽可能地找的纸张大一些,让种子不要太密集。

Photoshop CC 计数器工具的使用领域,不仅可以对种子计数,还可以对花卉幼苗进行数数,在种子种植后,3天对发芽势检测,7天对发芽率检测,这样都会牵涉对幼苗的计数,人工计数,不仅劳累,而且会对幼苗造成伤害,如果把幼苗拍成图片导入电脑,利用计数工具进行计数,就避免了人工的不足。图3-7所示。

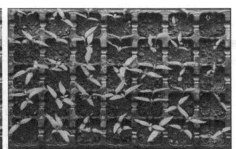

图a 采集幼苗图片　　　　　　　图b 利用计数器计数

图3-7　幼苗计数

【方法2】　利用PhotoshopCC的"分析"功能来计数

材料与准备过程同方法1。

过程:①在方法1采集图像的基础上,导入电脑用PhotoshopCC软件打开,并进行预处理,如图3-8所示。

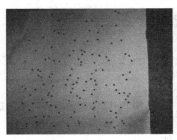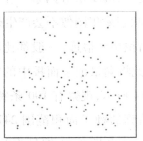

图a 原始图片　　　　　图b 剪裁多余部分　　　　　图c 处理成二值图

图3-8　图像预处理

②观察预处理后的图片,发现种子有大有小,需要估算一下种子面积范围。选择"快速选择工具"在创建最大的种子和最小的种子选区,如图3-9中标志为1的地方为最大的种子选区,标志为2的地方为最小的种子选区(最大和最小种子的选择不一定精确,近似即可)。然后执行"图像—分析—记录测量"命令,打开测量记录面板,图中显示3条信息,如图3-10所示,0001编号面积为特征1+特征2的总面积,002编号和003编号分别显示了最大种子和最小种子的面积626.000 000、

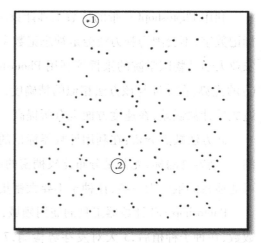

图3-9 选择最大和最小种子

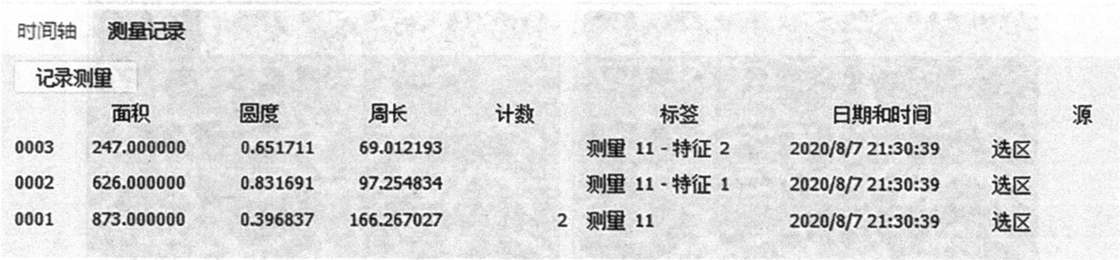

247.000 000;这一个结果意味着种子面积为247~626,过大或者过小的需要筛除出去。

	面积	圆度	周长	计数	标签	日期和时间	源
0003	247.000000	0.651711	69.012193		测量 11 - 特征 2	2020/8/7 21:30:39	选区
0002	626.000000	0.831691	97.254834		测量 11 - 特征 1	2020/8/7 21:30:39	选区
0001	873.000000	0.396837	166.267027	2	测量 11	2020/8/7 21:30:39	选区

图3-10 最大种子和最小种子测量结果

③选择魔棒工具,设置合适的容差(本次试验设置容差为13),单击白色背景,然后按住"Ctrl+shift+I"进行反选,使得所有的种子都有一个选区包围,如图3-11所示。

④执行"图像—分析—记录测量"命令,打开测量记录面板,发现计数值为231,如图3-12所示,这个计数与130相差甚远,这是因为在图像采集过程中由于光线、拍摄角度、相机质量等因素产生杂点,这些杂点需要去除(理想状态采集图像不会产生杂点),杂点的面积与种子大小面积相差很远,一般都比种子小很多如图3-13所示,为此将测量记录面板中的"面积"进行升序排列,如图3-14所示,观察有100条特征面积范围为1~20,与前面估算的种子面积范围247~626相差太远,需要筛除,最后一条即0001编号为总面积信息也需要筛除,如图3-15所示。

图3-11 创建所有种子的选区

	面积	圆度	周长	计数 ▲	标签
0001	55655.000...	0.004562	12381.429...	231	测量 12
0002	628.000000	0.834348	97.254834		测量 12 - 特征 1
0003	418.000000	0.805176	80.769553		测量 12 - 特征 2

图 3-12 测量记录结果展示

时间轴 测量记录

记录测量

	面积 ▲	圆度	周长
0005	1.000000	0.785398	4.000000
0017	1.000000	0.785398	4.000000
0020	1.000000	0.785398	4.000000
0028	1.000000	0.785398	4.000000
0030	1.000000	0.785398	4.000000
0035	1.000000	0.785398	4.000000
0042	1.000000	0.785398	4.000000
0047	1.000000	0.785398	4.000000
0051	1.000000	1.396263	3.000000
0053	1.000000	1.396263	3.000000
0065	1.000000	0.785398	4.000000
0073	1.000000	0.785398	4.000000
0076	1.000000	0.785398	4.000000
0080	1.000000	0.785398	4.000000
0082	1.000000	0.785398	4.000000
0083	1.000000	0.785398	4.000000
0084	1.000000	0.785398	4.000000
0085	1.000000	0.785398	4.000000
0086	1.000000	0.785398	4.000000
0092	1.000000	0.785398	4.000000
0093	1.000000	0.785398	4.000000

时间轴 测量记录

记录测量

	面积 ▲	圆度	周长
0230	2.000000	0.698132	6.000000
0151	3.000000	0.743379	7.121320
0186	3.000000	0.743379	7.121320
0200	3.000000	0.589049	8.000000
0220	3.000000	0.589049	8.000000
0010	4.000000	0.502655	10.000000
0087	4.000000	0.739839	8.242641
0118	4.000000	0.739839	8.242641
0195	4.000000	0.739839	8.242641
0081	5.000000	0.482267	11.414214
0100	5.000000	0.862419	8.535534
0188	5.000000	0.436332	12.000000
0226	7.000000	0.452038	13.949747
0152	20.000000	0.276625	30.142136
0134	201.000000	0.454757	74.526912
0169	218.000000	0.618039	66.577164

图 3-13 面积升序排列结果

图 3-14 筛除 0001 编号信息

图 3-15 删除测量记录中无用标签

⑤把筛除信息后的数据全选后导出为"导出数据.txt"文档,并用记事本打开,如图3-16 所示。

导出数据.txt - 记事本
文件(F)　编辑(E)　格式(O)　查看(V)　帮助(H)

面积	圆度	周长	标签	日期和时间	源	比例单位	高度	宽度
"201.000000"	"0.454757"	"74.526912"	"测量 12 - 特征 133"	"2020-08-07T21:34:25+08:00"	"选区"	"像素"	"21.000000"	"18.000000"
"218.000000"	"0.618039"	"66.577164"	"测量 12 - 特征 168"	"2020-08-07T21:34:25+08:00"	"选区"	"像素"	"19.000000"	"18.000000"
"226.000000"	"0.637992"	"66.719300"	"测量 12 - 特征 109"	"2020-08-07T21:34:25+08:00"	"选区"	"像素"	"19.000000"	"19.000000"
"247.000000"	"0.651711"	"69.012193"	"测量 12 - 特征 217"	"2020-08-07T21:34:25+08:00"	"选区"	"像素"	"19.000000"	"23.000000"
"258.000000"	"0.413030"	"88.597980"	"测量 12 - 特征 177"	"2020-08-07T21:34:25+08:00"	"选区"	"像素"	"21.000000"	"22.000000"
"262.000000"	"0.545363"	"77.698485"	"测量 12 - 特征 132"	"2020-08-07T21:34:25+08:00"	"选区"	"像素"	"23.000000"	"17.000000"
"263.000000"	"0.264934"	"111.689863"	"测量 12 - 特征 155"	"2020-08-07T21:34:25+08:00"	"选区"	"像素"	"21.000000"	"21.000000"
"277.000000"	"0.586144"	"77.062446"	"测量 12 - 特征 74"	"2020-08-07T21:34:25+08:00"	"选区"	"像素"	"22.000000"	"18.000000"
"277.000000"	"0.388395"	"94.669048"	"测量 12 - 特征 223"	"2020-08-07T21:34:25+08:00"	"选区"	"像素"	"24.000000"	"23.000000"
"294.000000"	"0.373193"	"99.497475"	"测量 12 - 特征 183"	"2020-08-07T21:34:25+08:00"	"选区"	"像素"	"23.000000"	"23.000000"
"306.000000"	"0.570021"	"82.133514"	"测量 12 - 特征 182"	"2020-08-07T21:34:25+08:00"	"选区"	"像素"	"22.000000"	"22.000000"
"308.000000"	"0.736825"	"72.476659"	"测量 12 - 特征 131"	"2020-08-07T21:34:25+08:00"	"选区"	"像素"	"22.000000"	"20.000000"
"326.000000"	"0.695103"	"76.769553"	"测量 12 - 特征 58"	"2020-08-07T21:34:25+08:00"	"选区"	"像素"	"22.000000"	"20.000000"
"326.000000"	"0.535102"	"87.497475"	"测量 12 - 特征 162"	"2020-08-07T21:34:25+08:00"	"选区"	"像素"	"25.000000"	"21.000000"
"326.000000"	"0.796907"	"71.698485"	"测量 12 - 特征 206"	"2020-08-07T21:34:25+08:00"	"选区"	"像素"	"23.000000"	"19.000000"
"332.000000"	"0.635693"	"81.012193"	"测量 12 - 特征 167"	"2020-08-07T21:34:25+08:00"	"选区"	"像素"	"23.000000"	"21.000000"
"333.000000"	"0.695851"	"77.547727"	"测量 12 - 特征 129"	"2020-08-07T21:34:25+08:00"	"选区"	"像素"	"23.000000"	"20.000000"
"339.000000"	"0.401451"	"103.012193"	"测量 12 - 特征 93"	"2020-08-07T21:34:25+08:00"	"选区"	"像素"	"26.000000"	"25.000000"
"339.000000"	"0.678200"	"79.254834"	"测量 12 - 特征 203"	"2020-08-07T21:34:25+08:00"	"选区"	"像素"	"25.000000"	"20.000000"
"345.000000"	"0.625475"	"83.254834"	"测量 12 - 特征 136"	"2020-08-07T21:34:25+08:00"	"选区"	"像素"	"24.000000"	"22.000000"
"347.000000"	"0.815744"	"73.112698"	"测量 12 - 特征 188"	"2020-08-07T21:34:25+08:00"	"选区"	"像素"	"22.000000"	"20.000000"
"350.000000"	"0.317541"	"117.689863"	"测量 12 - 特征 188"	"2020-08-07T21:34:25+08:00"	"选区"	"像素"	"22.000000"	"25.000000"
"355.000000"	"0.729802"	"78.183766"	"测量 12 - 特征 205"	"2020-08-07T21:34:25+08:00"	"选区"	"像素"	"22.000000"	"25.000000"
"358.000000"	"0.769193"	"76.476659"	"测量 12 - 特征 231"	"2020-08-07T21:34:25+08:00"	"选区"	"像素"	"21.000000"	"23.000000"
"361.000000"	"0.637203"	"84.376154"	"测量 12 - 特征 139"	"2020-08-07T21:34:25+08:00"	"选区"	"像素"	"23.000000"	"22.000000"
"362.000000"	"0.777787"	"76.476659"	"测量 12 - 特征 56"	"2020-08-07T21:34:25+08:00"	"选区"	"像素"	"24.000000"	"21.000000"
"366.000000"	"0.780392"	"76.769553"	"测量 12 - 特征 166"	"2020-08-07T21:34:25+08:00"	"选区"	"像素"	"22.000000"	"24.000000"
"367.000000"	"0.378897"	"110.325902"	"测量 12 - 特征 63"	"2020-08-07T21:34:25+08:00"	"选区"	"像素"	"25.000000"	"22.000000"
"367.000000"	"0.569847"	"89.961941"	"测量 12 - 特征 192"	"2020-08-07T21:34:25+08:00"	"选区"	"像素"	"23.000000"	"24.000000"
"371.000000"	"0.623428"	"86.476659"	"测量 12 - 特征 134"	"2020-08-07T21:34:25+08:00"	"选区"	"像素"	"22.000000"	"24.000000"
"374.000000"	"0.752024"	"79.012193"	"测量 12 - 特征 172"	"2020-08-07T21:34:25+08:00"	"选区"	"像素"	"24.000000"	"22.000000"
"376.000000"	"0.710516"	"81.547727"	"测量 12 - 特征 230"	"2020-08-07T21:34:25+08:00"	"选区"	"像素"	"19.000000"	"28.000000"
"378.000000"	"0.831154"	"75.597980"	"测量 12 - 特征 90"	"2020-08-07T21:34:25+08:00"	"选区"	"像素"	"21.000000"	"25.000000"
"380.000000"	"0.724156"	"81.204581"	"测量 12 - 特征 39"	"2020-08-07T21:34:25+08:00"	"选区"	"像素"	"25.000000"	"23.000000"

导出数据.txt - 记事本
文件(F)　编辑(E)　格式(O)　查看(V)　帮助(H)

面积	圆度	周长	标签	日期和时间	源	比例单位	高度	宽度
"473.000000"	"0.647101"	"95.840620"	"测量 12 - 特征 35"	"2020-08-07T21:34:25+08:00"	"选区"	"像素"	"25.000000"	"27.000000"
"474.000000"	"0.447690"	"115.346717"	"测量 12 - 特征 33"	"2020-08-07T21:34:25+08:00"	"选区"	"像素"	"26.000000"	"26.000000"
"474.000000"	"0.757607"	"88.669048"	"测量 12 - 特征 42"	"2020-08-07T21:34:25+08:00"	"选区"	"像素"	"27.000000"	"25.000000"
"477.000000"	"0.505335"	"108.911688"	"测量 12 - 特征 23"	"2020-08-07T21:34:25+08:00"	"选区"	"像素"	"24.000000"	"26.000000"
"478.000000"	"0.798741"	"86.719300"	"测量 12 - 特征 38"	"2020-08-07T21:34:25+08:00"	"选区"	"像素"	"24.000000"	"25.000000"
"478.000000"	"0.783697"	"87.547727"	"测量 12 - 特征 87"	"2020-08-07T21:34:25+08:00"	"选区"	"像素"	"26.000000"	"25.000000"
"481.000000"	"0.892281"	"82.305087"	"测量 12 - 特征 51"	"2020-08-07T21:34:25+08:00"	"选区"	"像素"	"26.000000"	"24.000000"
"483.000000"	"0.818112"	"86.133514"	"测量 12 - 特征 200"	"2020-08-07T21:34:25+08:00"	"选区"	"像素"	"26.000000"	"25.000000"
"484.000000"	"0.436564"	"118.033009"	"测量 12 - 特征 28"	"2020-08-07T21:34:25+08:00"	"选区"	"像素"	"27.000000"	"26.000000"
"484.000000"	"0.584217"	"102.033009"	"测量 12 - 特征 148"	"2020-08-07T21:34:25+08:00"	"选区"	"像素"	"26.000000"	"26.000000"
"488.000000"	"0.640606"	"97.840620"	"测量 12 - 特征 197"	"2020-08-07T21:34:25+08:00"	"选区"	"像素"	"26.000000"	"26.000000"
"491.000000"	"0.809491"	"87.305087"	"测量 12 - 特征 10"	"2020-08-07T21:34:25+08:00"	"选区"	"像素"	"26.000000"	"26.000000"
"491.000000"	"0.777861"	"89.062446"	"测量 12 - 特征 45"	"2020-08-07T21:34:25+08:00"	"选区"	"像素"	"26.000000"	"25.000000"
"498.000000"	"0.883044"	"84.183766"	"测量 12 - 特征 67"	"2020-08-07T21:34:25+08:00"	"选区"	"像素"	"25.000000"	"24.000000"
"499.000000"	"0.879739"	"84.426407"	"测量 12 - 特征 69"	"2020-08-07T21:34:25+08:00"	"选区"	"像素"	"25.000000"	"26.000000"
"503.000000"	"0.829275"	"87.305087"	"测量 12 - 特征 48"	"2020-08-07T21:34:25+08:00"	"选区"	"像素"	"26.000000"	"28.000000"
"504.000000"	"0.526390"	"109.689863"	"测量 12 - 特征 22"	"2020-08-07T21:34:25+08:00"	"选区"	"像素"	"26.000000"	"28.000000"
"505.000000"	"0.878090"	"85.012193"	"测量 12 - 特征 47"	"2020-08-07T21:34:25+08:00"	"选区"	"像素"	"27.000000"	"24.000000"
"507.000000"	"0.729600"	"93.447222"	"测量 12 - 特征 105"	"2020-08-07T21:34:25+08:00"	"选区"	"像素"	"28.000000"	"25.000000"
"507.000000"	"0.778296"	"90.476659"	"测量 12 - 特征 128"	"2020-08-07T21:34:25+08:00"	"选区"	"像素"	"25.000000"	"27.000000"
"509.000000"	"0.655664"	"98.769553"	"测量 12 - 特征 7"	"2020-08-07T21:34:25+08:00"	"选区"	"像素"	"25.000000"	"23.000000"
"517.000000"	"0.789407"	"90.719300"	"测量 12 - 特征 4"	"2020-08-07T21:34:25+08:00"	"选区"	"像素"	"25.000000"	"28.000000"
"522.000000"	"0.782682"	"91.547727"	"测量 12 - 特征 70"	"2020-08-07T21:34:25+08:00"	"选区"	"像素"	"26.000000"	"27.000000"
"524.000000"	"0.815822"	"89.840620"	"测量 12 - 特征 49"	"2020-08-07T21:34:25+08:00"	"选区"	"像素"	"24.000000"	"29.000000"
"528.000000"	"0.735774"	"94.961941"	"测量 12 - 特征 11"	"2020-08-07T21:34:25+08:00"	"选区"	"像素"	"27.000000"	"28.000000"
"529.000000"	"0.711362"	"96.669048"	"测量 12 - 特征 213"	"2020-08-07T21:34:25+08:00"	"选区"	"像素"	"27.000000"	"28.000000"
"530.000000"	"0.672762"	"99.497475"	"测量 12 - 特征 3"	"2020-08-07T21:34:25+08:00"	"选区"	"像素"	"26.000000"	"26.000000"
"536.000000"	"0.850111"	"89.012193"	"测量 12 - 特征 24"	"2020-08-07T21:34:25+08:00"	"选区"	"像素"	"26.000000"	"26.000000"
"545.000000"	"0.737339"	"96.376154"	"测量 12 - 特征 6"	"2020-08-07T21:34:25+08:00"	"选区"	"像素"	"29.000000"	"33.000000"
"545.000000"	"0.876872"	"88.376154"	"测量 12 - 特征 220"	"2020-08-07T21:34:25+08:00"	"选区"	"像素"	"28.000000"	"25.000000"
"546.000000"	"0.708962"	"98.376154"	"测量 12 - 特征 13"	"2020-08-07T21:34:25+08:00"	"选区"	"像素"	"28.000000"	"27.000000"
"559.000000"	"0.881776"	"89.254834"	"测量 12 - 特征 36"	"2020-08-07T21:34:25+08:00"	"选区"	"像素"	"28.000000"	"28.000000"
"573.000000"	"0.838485"	"92.669048"	"测量 12 - 特征 221"	"2020-08-07T21:34:25+08:00"	"选区"	"像素"	"27.000000"	"29.000000"
"588.000000"	"0.666965"	"105.254834"	"测量 12 - 特征 14"	"2020-08-07T21:34:25+08:00"	"选区"	"像素"	"28.000000"	"28.000000"
"624.000000"	"0.864212"	"95.254834"	"测量 12 - 特征 14"	"2020-08-07T21:34:25+08:00"	"选区"	"像素"	"28.000000"	"28.000000"
"628.000000"	"0.834348"	"97.254834"	"测量 12 - 特征 1"	"2020-08-07T21:34:25+08:00"	"选区"	"像素"	"27.000000"	"30.000000"

第 131 行, 第 113 列　100%　Windows (CRLF)　UTF-16 LE

图3-16　导出数据

⑥观察导出数据，每一条信息占据一行，每一条信息就是一颗种子的信息，当前在状态栏中看到有 131 行，那么种子个数计算公式：

$$种子个数 = 信息总行数 - 标题行 = 131 - 1 = 130$$

结果:利用本法,对 130 颗供试种子连续采集三张图,并对每张图进行试验,3 次试验结果分别是 130,130,130,平均用时 04′11″21/次;准确率为 100%。

本法的优点相对于方法 1,准确率高、智能化计数完全排除了人工因素、速度快等。

缺点分析:采集图像要求比较苛刻。采集图像前,种子需要散开,种子之间不能有接触;图像采集要求高,要求光线好,图像背景尽量纯白,无杂点;种子图像尽量避免高光、阴影等影响;图像二值化处理过程中要确保每颗种子信息不丢失。

本法的功能延伸:可以将上述步骤中导出的 TXT 数据导入 Excel,可以进行圆度、周长等数据的进一步分析处理等,如图 3-17 所示。

	"面积"	"圆度"	"周长"	"标签"	"日期和时间"	"源"	"比例单位"	"高度"	"宽度"
1									
2	"201.000000"	"0.454757"	"74.526912"	"测量 12 - 特征 133"	"2020-08-07T21:34:25+08:00"	"选区"	"像素"	"21.000000"	"18.000000"
3	"218.000000"	"0.618039"	"66.577164"	"测量 12 - 特征 168"	"2020-08-07T21:34:25+08:00"	"选区"	"像素"	"19.000000"	"18.000000"
4	"226.000000"	"0.637992"	"66.719300"	"测量 12 - 特征 109"	"2020-08-07T21:34:25+08:00"	"选区"	"像素"	"19.000000"	"19.000000"
5	"247.000000"	"0.651711"	"69.012193"	"测量 12 - 特征 217"	"2020-08-07T21:34:25+08:00"	"选区"	"像素"	"19.000000"	"23.000000"
6	"258.000000"	"0.413030"	"88.597980"	"测量 12 - 特征 177"	"2020-08-07T21:34:25+08:00"	"选区"	"像素"	"21.000000"	"22.000000"
7	"262.000000"	"0.545363"	"77.698485"	"测量 12 - 特征 132"	"2020-08-07T21:34:25+08:00"	"选区"	"像素"	"23.000000"	"17.000000"
8	"263.000000"	"0.264934"	"111.689863"	"测量 12 - 特征 155"	"2020-08-07T21:34:25+08:00"	"选区"	"像素"	"21.000000"	"21.000000"
9	"277.000000"	"0.586144"	"77.062446"	"测量 12 - 特征 74"	"2020-08-07T21:34:25+08:00"	"选区"	"像素"	"22.000000"	"18.000000"
10	"277.000000"	"0.388395"	"94.669048"	"测量 12 - 特征 223"	"2020-08-07T21:34:25+08:00"	"选区"	"像素"	"24.000000"	"23.000000"
11	"294.000000"	"0.373193"	"99.497475"	"测量 12 - 特征 183"	"2020-08-07T21:34:25+08:00"	"选区"	"像素"	"23.000000"	"23.000000"
12	"306.000000"	"0.570021"	"82.133514"	"测量 12 - 特征 182"	"2020-08-07T21:34:25+08:00"	"选区"	"像素"	"22.000000"	"22.000000"
13	"308.000000"	"0.736825"	"72.476659"	"测量 12 - 特征 131"	"2020-08-07T21:34:25+08:00"	"选区"	"像素"	"22.000000"	"20.000000"
14	"326.000000"	"0.695103"	"76.769553"	"测量 12 - 特征 58"	"2020-08-07T21:34:25+08:00"	"选区"	"像素"	"22.000000"	"22.000000"
15	"326.000000"	"0.535102"	"87.497475"	"测量 12 - 特征 162"	"2020-08-07T21:34:25+08:00"	"选区"	"像素"	"25.000000"	"21.000000"
16	"326.000000"	"0.796907"	"71.698485"	"测量 12 - 特征 206"	"2020-08-07T21:34:25+08:00"	"选区"	"像素"	"23.000000"	"19.000000"
17	"332.000000"	"0.635693"	"81.012193"	"测量 12 - 特征 167"	"2020-08-07T21:34:25+08:00"	"选区"	"像素"	"24.000000"	"21.000000"

图 3-17　生成 Excel 表格

3. 粉尘状种子的计数方法研究

对于密度小于水,粉尘状的植物之子的计数方法,可以将种子放在水中,让种子漂浮在水面上,尽可能的散开,用 CCD 相机或者手机拍摄采集图像,如果是肉眼看不到的可以用显微镜下拍摄采集图像。对于种子颜色与水色相近的,可以将水中染上与种子颜色反差比较大的颜色,这样有利于后期计数,采集图像后,可以采用以上两种方法进行计数。如图 3-18 所示。

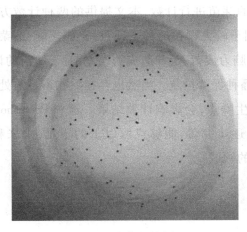 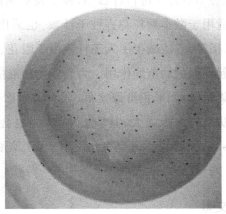

图 a 无染色的拍摄　　　　　　　　图 b 染色拍摄

图 3-18　粉尘状种子漂浮在不同颜色的水面

三、实验结果

把人工计数法定义为参考方法 0;把张哲的画笔+鼠标计数器计数法定义为参考方法 1,本文所提的方法分别定义为本文方法 1、本文方法 2;四种方法在速度和准确率方面进行对比,见表 3-1:

表 3-1　不同计数方法速度和准确率对比

	参考方法 0			参考方法 1			本文方法 1			本文方法 2		
时间	4:54	4:55	4:53	4:22	4:25	4:21	4:01	4:39	4:00	4:20	4:21	4:18
计数结果	127	130	133	129	130	130	129	130	130	130	130	130
准确率	98.50%			99.7%			99.7%			100%		

对于本文所提出的计算种子的方法,主要基于 PhotoshopCC 软件来实现。首先是对供试种子进行采集图像,然后是利用 PhotoshopCC 进行图像处理,排除干扰信息,保留特征信息。方法 1 是利用 PhotoshopCC 带的计数工具来计数,适用于小数量种子计数;方法 2 利用 PhotoshopCC 软件"图像"菜单下的"分析"命令来进行智能化计数,这两种方法较甘肃农业大学动物医学院的张哲、湖南农业大学生物科学技术学院李茉莉计数方法精确、简单、速度快,适用于大数量的种子计数;不足之处是图像采集中种子颗粒分布情况、图像质量对计数结果分析影响较大。

发芽率、发芽势的测定对于所有农作物种子都是必要的过程,只要牵涉到发芽率计算,就必须对种子进行计数、对种子发芽后的芽苗进行计数,本文提供的两种计数方法,不仅适用于微小颗粒花卉种子计数,也适用于较大颗粒的种子计数,比如芝麻、油菜、小麦、水稻等,方法减少了人工计数由于眼花、脑力疲劳、走神造成的误差,对于幼苗的计数可以起到保护幼苗的作用。为农作物精准播种保驾护航。当然也存在一些不足之处,比如采集图像,如果相机像素低,或者背景产生噪点,会影响计数结果。随着 PhotoshopCC 软件功能的逐步强大,其"分析"功能也会逐步完善,能够克服以上的不足,未来利用 Photoshop 来作科学研究将会应用于更广泛的领域。

参考文献

[1] 吴波,杨娜,戴维序,等.浅谈遥感技术在农业保险中的应用:以菏泽市单县玉米涝灾定损为例[J].农村实用技术,2020(05):37-39.

[2] 封定余.中职 Photoshop 图形图像处理课程教学中激发学生兴趣的方式探索[J].现代职业教育,2017(5):42.

[3] 叶迎.农业科技普及图像设计与传播[J].明日风尚,2016(22):41-42.

[4] 李茉莉,乔琨.一种快捷的单细胞藻类计数方法——运用 Photoshop 软件分析细胞显微图像轮廓[J].渔业研究,2016,38(3):236-243.

[5] 张哲,杨峰,李新圃,等.基于 Photoshop 和计数软件精准计数平板上菌落的新方法[J].微生物学通报,2016,43(7):1646-1648.

[6] 杨慧赞,林勇,唐章生,等.基于图像处理的鱼卵计数方法研究[J].水生态学,2011,32(5):138-141.

[7] 熊国顺,张从鹏,谢佳成,等.基于显微视觉的酶联斑点图像识别计数[J].机械工程师,2020(11):47-48+51.

[8] 毕红棋.基于深度对抗式网络的人群计数方法[J].光电子·激光,2020,31(8):865-871.

[9] 王紫聪,多功昊,张航.基于 Matlab 的鱼苗自动计数方法与实现[J].农业技术与装备,2020(7):78-79.

[10] 何绍鑫.基于图像处理的钢球计数与尺寸识别系统研究[D].吉林:长春理工大学,2020.

[11] 王茂林,荣二花,张利军,等.基于图像处理的蓟马计数方法研究[J].山西农业科学,2020,48(5):812-816.

[12] 黄晓辉,徐炜祯,冯立国,等.手机拍照图像快速实现菌落计数[J].食品安全质量检

测学报,2020,11(2):468-471.

[13]林启招,王云龙,何鑫,等.基于交互模式和图像处理的针叶材生长轮测算方法[J].
林业工程学报,2019,4(5):121-128.

第四章
图像处理技术助力农业生产"数字化"

习近平总书记曾强调,农业出路在现代化,农业现代化关键在科技进步。[①] 纵观全球,新一代信息技术正加速进入农业,推动农业全链条数字化、网络化、智能化。我国农业迎来数字技术深度融合的变革时代,国家统筹谋划农业农村数字化发展布局,陆续出台了相关政策、法规和规划文件,如中共中央办公厅、国务院办公厅印发《数字乡村发展战略纲要》、工信部发布的《数字白皮书》等,强调数字化在引领驱动农业农村现代化中的重要作用。面向未来,我国仍要深入推进农业数字化进程,加强生产链前端的研发布局、促进跨学科合作、保持科研与田间的协调互动,以农业数字化推动全要素生产率大幅提升,以前沿探索推动我国农业生产实现新突破。

一、研究背景和意义

"手中有粮,心中不慌。保障粮食安全对中国来说是永恒的课题,任何时候都不能放松。历史经验告诉我们,一旦发生大饥荒,有钱也没用。解决 14 亿人吃饭问题,要坚持立足国内。"[②]我国是农业大国,农业及生产是国民经济中的主体,农作物不仅作为粮食农作物以供维持生命所需,也作为经济产物实现国家经济创收。随着人口不断地快速增长,给农作物种植也带来了巨大压力,在 2018 年,根据联合国粮农组织(FAO)、联合国粮食计划署(WFP)等五大机构发表的《世界粮食安全和营养状况》指出,近几年全球仍有多数人口缺少粮食处于饥饿状态,饥饿人数在过去的几年中持续上升。因此,在当前利用科技化手段,实现高产量、绿色化发展具有战略意义。

提高产量对农作物的生长过程管理尤为重要,农作物每个生长阶段的指标(叶面积大小、叶面积指数等)、病虫害防治、农药喷洒、除草等都影响着粮食的产量和质量。目前

---

①② 2013 年 11 月 28 日,习近平在山东农科院座谈会上的讲话。

利用图像处理技术监测农作物生长受到越来越多的关注。

农作物的生长与植物光合作用密不可分。叶片不仅是植物进行光合作用的重要器官,也是植物主要能量转换器,叶片表征出的属性有页片大小、颜色、形状、纹理等能客观地反映出植物的健康状况,尤其是植物生长的过程中,叶片大小是植物健康监测的重要指标。因此,植物叶面积的检测对于评估农作物的长势和建立植物的生长模型有着非常重要的研究意义。

叶片在外界环境影响下,受光照强度、环境温度、水分和养料等不同因素影响,会呈现出不同的生长状态,通过叶片面积的相关参数,就可知植物的生长状态。比如说,当农作物缺水时,叶片会产生卷曲或干燥枯萎的现象,与正常生长的农作物相比,叶面积大小也会发生改变;当农作物氮素缺乏时,生长速度变缓,植株相对较小细弱,叶面积也相对较小,而当农作物氮肥使用过多情况下,植物生长高大,叶面积也相对较大。叶面积大小与农作物的品质与产量有一定的直接影响关系,是衡量农作物对光能利用、发育情况、产量多少的主要参考指标。其叶面积的测定对研究植物特性有重要的指导意义,在生产实践中,叶面积大小不仅是产量形成和品种特点的重要指标,而且也是合理栽培及病虫害检测的重要手段,可以采取有效的管理,达到农作物高产的最终目的。可以说,如何方便、准确地测量农作物叶面积,对农业的生产和发展是非常有帮助的。

二、叶面积测量方法

目前,测定叶面积的方法有很多种,大致可分为传统人工测量法、仪器测量法和图像处理法,不同的方法各有其利弊与适用对象,传统人工测量相对较为费时费力,测量精度受人为影响,可以作为其他测量精度的检验方法,因此针对不同的叶片对象,应先分析适用于哪种测量方法,选择准确度高、误差范围小的测量方法,从而得到最优测量结果。

1. 方格法测量

将待测量叶片采摘后,平铺并固定在标准方格纸上,然后用铅笔沿着叶片的边缘绘制出叶片的轮廓,根据轮廓线所占的格子数进行累加。如图 4-1 所示。一般标准方格纸,每个格子的规格是边长为 0.5cm 的正方形,即一个格子的面积为 0.25 cm^2,对于叶片轮廓线不满一格,可以采用 0.25、0.5、0.75 格等进行累加计算,利用格子总数乘以每一个格子的面积,即可最终算出叶片的面积。此测量方法,影响测量精度的因素主要是叶片边缘位置不满格情况下,计算需要估计所占方格的比例;另一因素是指对于叶片边缘锯齿比较复杂的情况下,也会对测量精度造成一定的影响,再者,叶片比较薄,摘下后很快会干瘪、褶皱,这样将影响到轮廓线的绘制及精度。此方法因要把叶片采摘下来测量,所以具有一定的损坏性。

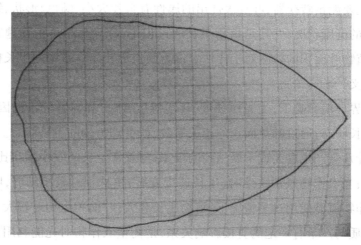

图4-1 叶片描边效果

2. 剪纸称重法测量

选用较厚而且薄厚均匀的长方形纸片,将其放在电子天平上进行称量,根据长方形的长、宽,计算出纸片面积,进而计算出单位面积上标准纸片质量;用铅笔沿着叶片的边缘绘制出叶片的轮廓,并用剪刀沿叶片轮廓剪下纸叶,对剪下来的叶片纸进行称量,通过叶片纸的质量和单位面积标准纸片质量就能很方便地计算出叶片的面积。此方法测量叶片面积的优点是不受叶片形状的影响,计算简单。影响计算精度的,对叶片轮廓准确描绘,就可以得到理想的测量值。不足之处与方格法测量相似,叶片薄,容易变形,影响测量的准确性。

3. 回归方程法测量

通过建立叶面积(S)与其叶长(L)、叶宽(W),以及长宽乘积(LW)等测量参数的数学模型来实现的。

相关实验研究表明不同农作物品种其叶面积与叶宽、叶长、长宽乘积均成极显著正相关关系。秦仲麒在广泛调查研究猕猴桃叶片性状的基础上,在猕猴桃试验园中随机挑选50片叶片,使用游标卡尺测量工具对猕猴桃叶子的叶长(L)和叶宽(W)进行测量,结果精确到0.01cm,采用国产PG-250叶面积测量仪对猕猴桃叶片进行面积测量,结果精确到0.01 cm²,根据面积测量结果散点图构成的曲线,分别得出了叶片面积(S)与叶长(L)叶宽(W)以及二者乘积之间的回归方程,通过相关性较为显著的方程对叶面积进行回归测量。

4. 数字图像处理法

利用数码相机来快速获取叶片的真实图像,像素构成图像,如果已知每一个像素的实际面积即被测叶片的像素数,那么就能直接求出叶片的面积。也就是说,利用已知参照物的实际面积($S1$)来进行被测叶片面积($S2$)的计算,即图片中叶片的像素数乘以代表参照物的实际面积的结果,再次除以图像参照物的像素数,就得到了被测叶片的实际面积。如图4-2所示。

图4-2　图像参照

随着电子设备的逐渐兴起,基于数字图像的处理方式也受到了研究学者的广泛关注。此方法不仅没有给叶片自身的生长带来影响,还保证了测量的准确度。通过多次实验数据的研究分析,也验证了该方法的可行性,对未来的发展具有重要的意义。刘哲等提出一种采用双远心镜头的高精度叶面积测量方法,该方法不需要对图像进行畸变校正,采用图像边缘增强、亚像素提取和图像分割等先进图像处理算法,使得图像边缘提取精度达到 0.1 像素,叶面积测量精度达到 $3 \times 10^{-6} mm^2$。

方格法、称纸重法、打孔称重法虽然使用的设备相对简单,但人力成本需求较大。在测量过程中,一旦发生人工测量误差,测得的面积精度会随之下降,并且这三种方法都属于破坏性测量。回归方程法能够做到非破坏性测量,但具体实施过程中存在一些困难,且不具有通用性。叶面积测量仪,价格昂贵,普及性差;而数字图像处理技术能够大范围的应用在所有种类的叶片中,不但可以实现无损测量,还能够避免叶片大小、形状及厚度的影响。数据的处理过程由计算机自动生成,从而减少了操作人员的工作强度。数字图像处理技术由于具有精密度高、操作方便快捷等优点,越来越受到人们的关注,对植物叶片的生长分析也起着积极作用。相信未来随着科技的不断进步,数字图像处理技术必将在林业、农业等领域得到更加广阔的应用。

本章提供的叶片面积测量方法基于 Photoshop 图像处理+Excel 数据处理技术。第一步,采集大豆叶片图像,图像采集方法分为两种,一是从鲜活大豆植株上直接拍摄照片;一是将大豆叶片摘下来,经过书本夹压展平。第二步,将叶片粘贴在红色卡纸上,为了方便计算,在红色卡纸上离叶片比较近的地方粘贴一个纯白色的小矩形,小矩形的尺寸为 15 mm×22 mm。第三步,然后进行拍照采集图像,如图 4-3 所示。对同一片大豆叶从不同角度拍摄 3 次图像,然后通过导入电脑,利用 PhotoshopCC 软件的分析、测量记录功能,再把测量记录中的数据导入 Excel 表格中处理,可精确到 0.001mm,测试结果精确率达 98.71%。本方法的优点:测量精度高;所需设备简单,成本低;处理简单,快捷。

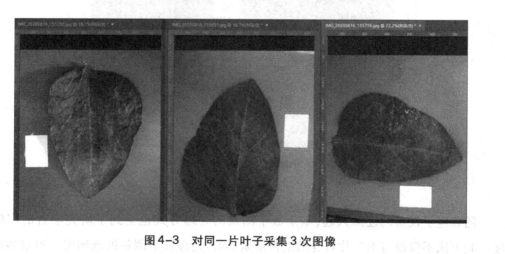

图 4-3　对同一片叶子采集 3 次图像

三、大豆叶面积测量过程

所测量的对象是牛毛黄品种大豆,种植日期为 2020 年 6 月 28 日,叶片图像采集时间为 2020 年 8 月 15 日,即种植 48 天后的大豆叶片,如图 4-4 所示。

图4-4 大豆田

1. 利用"选区+分析法"测量

★实验过程：

（1）利用 PhotoshopCC 软件打开上述采集到的同一叶片的 3 张图像，进行逐个处理，获取数据。针对第一片"IMG_20200816_155550.jpg"，执行"图像—分析—设置测量比例"命令，选择设置测量比例菜单中的"自定（c）…"命令，打开测量比例对话框，如图 4-5 所示。在设定测量比例后，对数据获取特别有帮助，对话框里的三个设置顺序可先设置"逻辑单位"，默认值为"像素"，此项可用默认值；"逻辑长度"就是贴在红色卡纸上的小矩形的边长，可以设置宽度（15mm），取值 15，也可以设置长度（22mm），取值 22。在本次实验中，基本上都采用了小矩形的宽度值15，即逻辑长度设为15；像素长度那就是利用工具箱中的标尺工具 标尺工具 来测量图像中的小矩形的宽度，测量值是多少直接显示在像素长度之后的文本框中，不用手动输入，如图 4-6 所示。设置完毕单击"确定"按钮，如图 4-7 所示。

图4-5 测量比例对话框

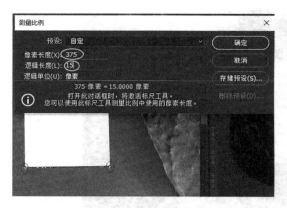

图4-6 设置测量比例　　　　　图4-7 创建叶片选区

此次设置的测量比例为:375 像素:15 像素,这里的15 像素是逻辑长度,实际上代表物理长度是小矩形的宽度15mm。

(2)设置好测量比例,针对"IMG_20200816_155550.jpg"图像,选择快速选择工具,选中整个叶片,创建叶片选区。

(3)执行"图像—分析—记录测量"命令,打开测量记录调板。

(4)单击图中"记录测量"按钮,得到一条测量信息,如图4-8 所示。

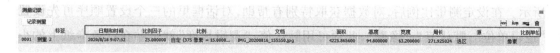

图4-8 得到的测量信息

图中的信息量很大,包含有20 多种信息如图4-9 所示,比如"标签""日期和时间""比例因子""比例""文档""面积""高度""宽度""周长"……,对于本次实验,最有用的信息是"比例""文档""面积"等信息,至于更多的无关紧要的信息可以提前进行设置,可以将不需要的数据信息不参与计算,节省运算速度,方法是执行"图像—分析—选择数据点—自定(c)…",打开选择数据点对话框,在此对话框中保留需要的信息,取消不需要的信息即可。默认情况下23 种信息都作为统计对象,出现在统计信息里。如果事先忘记了设置"选择数据点",那么可以将测量记录的无关信息删除,但这样会影响运算速度。

图4-9　选择数据点对话框

（5）通过记录信息可以看出第一次测量出来的叶片面积是4 225.865 6 像素，其实就相当于真实的4 225.865 6 mm^2。

重复以上步骤，对"IMG_20200816_155851.jpg""IMG_20200816_155756.jpg"分别测量计算，结果如图4-10所示。

测量记录

记录测量						
标签	日期和时间	比例因子	比例		文档	面积
0001	2020/8/18 9:07:52	25.000000	自定 (375 像素 = 15.0000…		IMG_20200816_155550.jpg	4225.865600
0002	2020/8/18 9:25:51	26.333333	自定 (395 像素 = 15.0000…		IMG_20200816_155851.jpg	4091.262137
0003	2020/8/18 9:27:00	18.333333	自定 (275 像素 = 15.0000…		IMG_20200816_155756.jpg	4119.036694

图4-10　三次测量结果

本次实验中,采用了默认的"数据点"所以包含信息是 23 种,为了之后的统计方便,现将无用信息从最后一列往前拖动选择,如图 4-11 所示,删除。

	源	比例单位	图度	计数	灰度值（最大值）	灰度值（平均值）	灰度值（中间值）	累计密度	直方图	灰度值（最小值）
4	选区	像素	0.718170	1	181.000000	52.407033	50.000000	13841567...	✓	10.000000
2	选区	像素	0.704758	1	198.000000	28.542755	27.000000	80977595...	✓	8.000000
6	选区	像素	0.711521	2	255.000000	33.241416	32.000000	46021211...	✓	8.000000

图 4-11　选择需要删除的信息列

(6)本次测量只有三条记录结果,如果是计算小颗粒种子,那么一次的产生的数据信息就会达到成百上千,如果希望得到"面积""周长"等信息的排列分布情况,可以单击"面积"或者"周长"标签,选择"升序"或者"降序"排列。

(7)单击"测量记录"面板右上角的" 1₂³ 计数工具 ",打开下拉菜单,选择"全选"命令,会将全部的记录选中,然后再选择"导出所选测量"命令,打开"另存为"对话框保存。此时,所能保存的格式只有 txt 格式,命名为"单叶片三次测量结果".txt。

(8)打开"单叶片三次测量结果.txt"文档。

(9)对于记事本中的记录信息有点凌乱,也不便于进一步统计计算,可以全选所有的信息,然后复制,再打开 Excel,将复制的信息粘贴到 Excel 表格中,保存为"单叶片三次测量结果.xlsx"。

针对 Excel 表格中的数据,可以进行多种统计、计算,比如三个图片所测面积的平均值利用平均函数 AVERAGE 直接计算出值为 4 145.388 144 mm^2,精确度为 1×10^{-6} mm^2。这个平均值就是叶片的真实面积,还可以算出每次测量结果与真实面积的误差率、平均误差率,准确率、平均准确率为 98.71%,如图 4-12 所示。

文档 E	面积 F	高度 G	宽度 H	周长 I	误差率 J	准确率 K
IMG_20200816_155550.jpg	4225.8656	94.8	63.2	271.925024	0.019414	0.980586
IMG_20200816_155851.jpg	4091.262137	92.316456	62.810127	270.093152	0.013057	0.986943
IMG_20200816_155756.jpg	4119.036694	63.381818	92.072727	269.717416	0.006357	0.993643
叶片面积测量平均值	4145.388144				0.012942	0.987058

图 4-12　对误差率、准确率统计

★结果分析

利用 PhotoshopCC 软件的分析、测量记录功能测量叶片面积,成本低、精度高、准确率高、操作简单、运算速度快,数据记录可以方便的导出到 Excel 表格中进行更多的运算和操作。影响测量结果的因素:利用手机者 CCD 相机等设备进行图像采集时,很难确保镜头与叶片垂直,这样会造成一定的误差;这种误差避免方法是采用扫描仪进行扫描法获取图像。另外,图像采集的时候要尽量保证叶片阴影、反光的出现。在有阴影、像素不太高的情况下,容易将阴影选择到叶片中。避免阴影的方法是如果在阳光下拍摄,要用遮光板遮住阳光;如果是在室内避免反光干扰叶片选择。

2. 利用网格+计数器法测量同一片叶片面积

★实验过程

(1)找到一个网格纸,规格是5mm×5mm,每一个格子的大小为25mm²,把叶片固定在网格纸上,然后选择用笔沿着大豆叶片的边缘进行绘制大豆叶片轮廓,绘制三次轮廓,得到三个轮廓图,如图4-13所示。

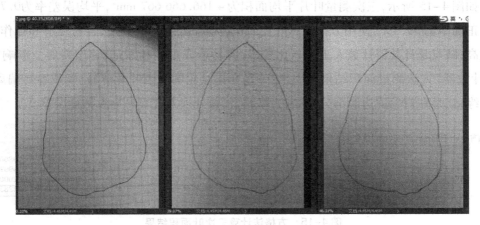

图4-13　绘制的3张轮廓图

(2)将3张图像用Photoshop打开,然后选择计数器工具 计数工具,对三张图像轮廓内的方格进行计数,计数效果图如图4-14所示。

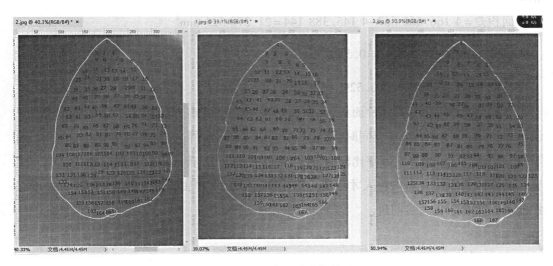

图4-14　三张图的计数结果

（3）计算叶片面积

第一张轮廓图：计数结果 167 个方格。

叶片面积$_1$＝方格个数乘以每个方格的面积＝$167×5×5＝4\ 175\ \text{mm}^2$

第二张轮廓图：计数结果是 165 个方格：

叶片面积$_2$＝方格个数乘以每个方格的面积＝$165×5×5＝4\ 125\ \text{mm}^2$

第三张轮廓图：计数结果是 168 个方格：

叶片面积$_3$＝方格个数乘以每个方格的面积＝$168×5×5＝4\ 200\ \text{mm}^2$

★测量结果：

如图 4-15 所示，三次测量叶片平均面积为 4 166.666 667 mm²，平均误差率为0.7％，平均正确率为99.3％，使用方格计算叶片面积，优点是成本低、方便、容易理解和操作、准确性高；缺点是计数器计数人工因素比较多，容易造成重计和漏记、速度慢等。影响"网格＋计数器"方法测量面积结果的因素：一是在描绘轮廓时因叶片薄，轮廓线容易偏离叶片边缘；二是在对轮廓边缘部分，不满一格时，计数处理方式容易导致估计误差。

2. 利用方格+计数器法计算叶片面积结果

标签	计数器结果	单个方格大小	叶片面积	误差率	准确率
图1	167	25	4175	0.00199992	0.99800008
图2	165	25	4125	0.010000079	0.989999921
图3	168	25	4200	0.007999919	0.992000081
		平均面积	4166.666667	0.006666639	0.993333361

图4-15　方格法计算三次叶面积结果

两种方法相比较，"选区＋分析"法计算机出的叶片面积为 4 145.388 144mm²，利用"网格＋计数器"法计算出同一叶片面积位 4 166.666 667 mm²，两者计算出的叶片面积相差：

面积差＝$4\ 166.666\ 667 - 4\ 145.388\ 144 = 21.278\ 523\ \text{mm}^2$

$$误差率 = \frac{21.278\ 523}{4\ 166.666\ 667} = 0.52\%$$

相似度＝1－误差率＝1－0.52％＝99.48％

"选区＋分析"法计算叶片面积，无论在精度、速度、成本方面都优于"网格＋计数器"法，但是"选区＋分析"法需要同时掌握 Photoshop、Excel 软件，需要具有一定电脑技术，而"网格＋计数器"法计算精确率比较高，完全可以利用人工，普通百姓都能够胜任完成。随着农民整体素质提升和农村人才引进，利用图像处理的方法会越来越热门，图像处理必将推动农业智慧化大步前进。

四、叶面积指数（LAI）测量

1. 叶面积指数的定义

叶面积指数又称叶面积系数,是指单位土地面积上植物叶片总面积占土地面积的倍数。即叶面积指数 = $\dfrac{叶片总面积}{土地面积}$。在田间试验中,叶面积指数（LAI）是反映植物群体生长状况的一个重要指标,其大小直接与最终产量高低密切相关。常用叶面积指数（LAI）由式（4-1）中求得:

叶面积用直尺测量每株各叶片的叶长（L_{ij}）和最大叶宽（B_{ij}）。

$$LAI = 0.75 \rho_{种} \frac{\sum_{j=1}^{m} \sum_{i=1}^{n}(L_{ij \times B_{ij}})}{m} \tag{4-1}$$

式中,n 为第 j 株的总叶片数;m 为测定株数;ρ 种为种植密度。

叶面积指数是反映农作物群体大小的较好的动态指标。在一定的范围内,农作物的产量随叶面积指数的增大而提高。当叶面积指数增加到一定的限度后,田间郁闭,光照不足,光合效率减弱,产量反而下降。苹果园的最大叶面积指数一般不超过5,能维持在3~4较为理想。在生态学中,叶面积指数是生态系统的一个重要结构参数,用来反映植物叶面数量、冠层结构变化、植物群落生命活力及其环境效应,为植物冠层表面物质和能量交换的描述提供结构化的定量信息,并在生态系统碳积累、植被生产力和土壤、植物、大气间相互作用的能量平衡,植被遥感等方面起重要作用。

2. 叶面积指数测量方法

（1）直接测量法　直接测量方法是一种传统的、具有一定破坏性的方法。通常包括方格法、剪纸称重法、叶面积仪测量法等。具体操作方法,如前所述。

（2）间接测量法　间接方法是用一些测量参数或用光学仪器得到叶面积指数,测量方便快捷,但仍需要用直接方法所得结果进行校正,一般分为点接触法、遥感方法、光学仪器法。

1）点接触法。是用细探针以不同的高度角和方位角刺入冠层,记录细探针从冠层顶部到达底部的过程中针尖所接触的叶片数目,用式（4-2）计算:

$$LAI = \frac{n}{G(\theta)} \tag{4-2}$$

式中,LAI 为叶面积指数,n 为探针接触到的叶片数,$G(\theta)$ 为投影函数,θ 为天顶角。当天顶角为57.5°时,假设叶片随机分布和叶倾角椭圆分布,则冠层叶片的倾角对消

光系数 K 的影响最小,此时采用 32.5°倾角刺入冠层,会得出较准确的结果,用式(4-3)计算:

$$LAI \approx 1.1 \ LAI_{32.5} \tag{4-3}$$

叶面积指数点接触法是由测量群落盖度的方法演进而来的,在小农作物 LAI 的测量中较准确,但在森林中应用比较困难,主要是由于森林植物树体高大及针叶树种中高密度的针叶影响了测量。

2)卫星遥感方法。为大范围研究 LAI 提供了有效的途径。主要有 2 种遥感方法可用来估算叶面积指数,一种是统计模型法,主要是将遥感图像数据如归一化植被指数 $NDVI$、比植被指数 RVI 和垂直植被指数 PVI 与实测 LAI 建立模型。这种方法输入参数单一,不需要复杂的计算,因此成为遥感估算 LAI 的常用方法。但不同植被类型的 LAI 与植被指数的函数关系会有所差异,在使用时需要重新调整、拟合。另一种是光学模型法,它基于植被的双向反射率分布函数是一种建立在辐射传输模型基础上的模型,它把 LAI 作为输入变量,采用迭代的方法来推算 LAI。这种方法的优点是有物理模型基础,不受植被类型的影响,然而由于模型过于复杂,反演估算非常耗时,且反演估算 LAI 过程中有些函数并不总是收敛的。

3)光学仪器法。按测量原理分为基于辐射测量的方法和基于图像测量的方法。

①基于辐射测量的方法。该方法是通过测量辐射透过率来计算叶面积指数,主要仪器有:LAI-2000、AccuPAR、Sunscan、Sunfleck cep tometer Demon 和 TRAC(Tracing Radiation and Architecture of Cano2p ies)等。这些仪器主要由辐射传感器和微处理器组成,它们通过辐射传感器获取太阳辐射透过率、冠层空隙率、冠层空隙大小或冠层空隙大小分布等参数来计算叶面积指数。前 5 种仪器都假设均一冠层、叶片随机分布和椭圆叶角分布,在测量叶簇生冠层时有困难。而 TRAC 通过测量集聚指数,能有效地解决集聚效应的问题,使得叶面积指数计算可以不用假设叶片在空间随机分布,减小了有效叶面积指数与现实叶面积指数之间计算的误差。基于辐射测量仪器的优点是测量简便快速,但容易受天气影响,常需要在晴天下工作。

李艳大等采用 CGMD 获取冠层差值植被指数(differential vegetation index,DVI)、归一化植被指数(normalized difference vegetation index,NDVI)和比值植被指数(ratio vegetation index,RVI),并同步采用高光谱仪(analytical spectral devices,ASD)获取冠层光谱反射率,构建 DVI、NDVI 和 RVI;通过比较 2 种光谱仪获取的植被指数变化特征及相互定量关系,评价 CGMD 的监测精度,建立基于 CGMD 的不同株型双季稻叶面积指数(leaf area index,LAI)监测模型,并用独立数据对模型进行检验,取得了良好的测试结果。

②基于图像测量的方法。该方法是通过获取和分析植物冠层的半球数字图像来计

算叶面积指数,仪器主要有 CI – 100、W INSCANOPY、HemiView、HCP（Hemispherical Canopy Photography）等,这些图像分析系统通常由鱼眼镜头、数码相机、冠层图像分析软件和数据处理器组成。其原理是通过鱼眼镜头和数码相机获取冠层图像,利用软件对冠层图像进行分析,计算太阳辐射透过系数、冠层空隙大小、间隙率参数等,进而推算有效叶面积指数。基于图像测量的仪器和方法测量精度较高,速度则较基于辐射测量的仪器慢,且常需要对图像进行后期处理。此外,测量时需要均一的光环境,如黎明、黄昏、阴天等,晴天会使鱼眼镜头低估或者高估太阳辐射或散射。

王亚杰等利用自主研发的六旋翼无人机搭载 RedEdge 五波段多光谱相机对试验区进行遥感影像获取,利用 LAI–2200 冠层分析仪实测地面玉米的叶面积指数,基于 5 种常用植被指数（归一化差值植被指数 NDVI、优化土壤调节植被指数 OSAVI、土壤调节植被指数 SAVI、增强型植被指数 EVI、重归一化植被指数 RDVI）,针对不同水分胁迫处理下大田玉米进行了叶面积指数的反演研究,结果表明用无人机多光谱遥感影像对不同水分胁迫下的大田玉米进行快速、大范围监测是可行的,为指导农作物灌溉用水提供了依据,有力地推动了我国农作物遥感理论的研究与应用。

3. 测量叶面积指数测量过程

通过以上方法的对比发现,利用图像处理技术测量农作物叶面积指数有以下优点:数字图像法测量简单快速、成本低廉,其测量有效性不受叶片大小、形状差异影响,适用性高,测量结果较为准确,为了结合数字图像处理法的优点以及保护农作物生长的连续性,应用图像处理法实现无损叶面积测量是近几年中叶面积测量方法中的研究热点。本节从 5 亩大豆田中找到具有代表性的 4 m²（2 m×2 m）,再从 4 m² 大豆中找到 8 株代表性的大豆,对 8 株大豆的所有叶片进行面积测量。测量方法是先将 8 株具有代表性的大豆贴上标签,作为样品,如图 4–16 所示。然后对每株样品大豆的叶片上粘上 1.5 cm×2.2 cm 的纯白色矩形标签,再采集大豆叶的图像,如图 4–17 和图 4–18 所示,将采集的图像导入电脑,利用 Photoshop 的图像处理功能和分析、测量记录功能,通过便签面积与叶片选区所包围的像素多少,从而得到每一片叶片面积。

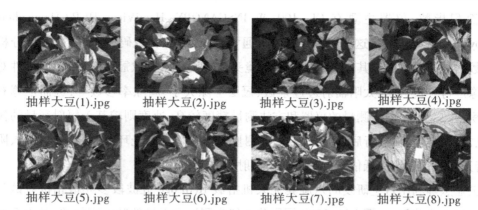

抽样大豆(1).jpg　　抽样大豆(2).jpg　　抽样大豆(3).jpg　　抽样大豆(4).jpg

抽样大豆(5).jpg　　抽样大豆(6).jpg　　抽样大豆(7).jpg　　抽样大豆(8).jpg

图4-16　从试验田中抽出10棵大豆

图4-17　采集大豆叶片图像

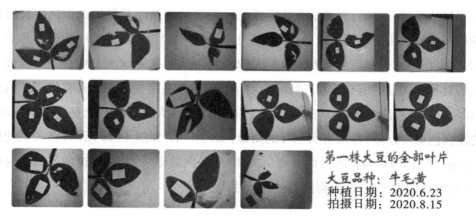

第一株大豆的全部叶片

大豆品种：牛毛黄
种植日期：2020.6.23
拍摄日期：2020.8.15

图4-18　采集的第一株大豆全部叶片

工具准备：在试验前需要准备以下几种工具，如图4-19所示。

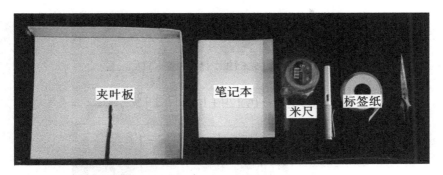

图4-19　所需工具

图4-19中的工具描述：夹叶板，是用鞋盒自制，去掉两个侧面，保留两个侧面（可以遮光，避免阴影）。为了采集大豆叶片图像方便，用刀子在一个侧面上开一条长10 cm，宽度约2 mm的缝，采集图像前，在夹叶板上粘上不干胶，叶柄卡在缝中，正好可以将叶片平铺在夹叶板上，有粘胶稍微粘一下，避免叶片不平导致的误差；笔记本，用来记录测量数据；米尺，用来测量试验田的面积；标签纸，规格是22 mm×15 mm，纯白色（纯色，与大豆叶片的颜色区分开，便于选择），贴在大豆叶片上，避免贴在叶片上的孔洞上，标签是参考对象，方便后期计算中的比例设置，标签可以每个叶片上都粘贴一个，也可以将一簇叶片（一般为三片）作为采集单位，一个采集单位最少粘贴一个标签。如果大豆叶太小，比标签还小，可以把标签贴在叶片附近的夹叶板上。

★试验过程：

（1）准备阶段

1）从大豆田中找出一块比较有代表性的试验田，用尺子测量出一块2 m×2 m的正方形，四周插上竹竿，并用绳子围起来。

2）人工数一下围起来的4 m²试验田中有多少株大豆，通过三次数数，计数结果分别是104、100、98，如图4-20所示，三次平均值为：

$$\frac{94+93+94}{3}=93.7 \text{ 株} \tag{4-4}$$

从而计算出一公顷的大豆株数为：

$$10\,000×\frac{93.7}{4}=23.43 \text{ 万株/hm}^2 \tag{4-5}$$

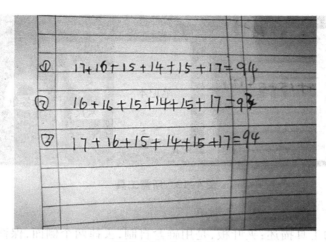

图4-20 大豆计数

3)再从 4 m² 的试验田中抽出 10 株大豆,作为供试大豆,并进行标注。

4)对标注过的大豆,逐一利用手机和夹叶板进行全部叶片图像采集,拍摄时,注意镜头和夹叶板垂直,对每株大豆的所有叶片进行采集。注意,如果一个采集单位拍摄多张,要把质量不高的删除,保留一张。

5)为了避免混淆,采集完一株大豆全部叶片后要及时进行发送、存储,然后对相机内的图片清除后继续采集第二株、第三株……

(2)图像处理阶段 针对田间采集的 10 株大豆的图片进行处理,先对第一株大豆所有叶片进行计算面积,处理过程与前面讲述的单个叶片"选区+分析"法类似。

1)首先根据图像中的矩形标签设置测量比例,如果有多个矩形标签,可任意选择一个来作为参照物设置测量比例,也可选择多个矩形中失真最小的一个来设置测量比例。再将绿叶所有部分全部选择,注意"孔洞"要减去,如图4-21所示。最后单击"记录测量"按钮。

图4-21 创建叶片选区

2)重复上述操作,把第一株上所有叶片的选区,利用"分析"命令进行一一测量,得到的信息如图4-22所示。

测量记录							
记录测量							
	标签	日期和时间	比例因子	比例	文档	面积	高度	宽度
0001	测量 9	2020/8/15 16:36:11	12.066667	自定 (181 像素 = …	IMG_20200815_074653.jpg	12279.377…	170.801105	194.751381
0002	测量 10	2020/8/15 16:36:14	17.266667	自定 (259 像素 = …	IMG_20200815_074904.jpg	7948.767907	147.393822	156.949807
0003	测量 11	2020/8/15 16:36:18	19.866667	自定 (298 像素 = …	IMG_20200815_074948.jpg	3236.109297	101.677852	113.053691
0004	测量 11 - 特征 1	2020/8/15 16:36:18	19.866667	自定 (298 像素 = …	IMG_20200815_074948.jpg	2042.337901	38.557047	113.053691
0005	测量 11 - 特征 2	2020/8/15 16:36:18	19.866667	自定 (298 像素 = …	IMG_20200815_074948.jpg	1193.771395	59.899329	42.382550
0006	测量 12	2020/8/15 16:36:22	16.466667	自定 (247 像素 = …	IMG_20200815_075031.jpg	8090.698913	146.720648	167.489879

图4-22 测量记录

图中编号为003-005的测量,与其他标志不一样,003对应的标签为测量11;而004和005分别对应着"测量11-特征1"和"测量11-特征2",这个是说明测量11所对应的选区有两个,"测量11"对应的面积等于"测量11-特征1"和"测量11-特征2"对应的面积之和。对于此类情况,最终导出前可以将"测量11-特征1"和"测量11-特征2"对应的数据信息行删除,只保留"测量11"对应的数据即可。

(3)数据整理阶段

1)将测量记录全部选择,然后导出到记事本,命名为"第一株大豆面积统计.txt",打开"第一株大豆面积统计.txt"。

2)将记事本中的数据全选,然后复制,打开"Excel",粘贴复制的数据,如图4-23

所示。

标签	日期和时间	比例因子	比例		文档	面积	高度	宽度
						F	G	H
测量 9	2020-08-15T15:57:47+08:00	22.133333	自定	(332 像素 = 15.0000 像素)	IMG_20200815_081107.jpg	3188.017129	81.009036	77.349398
测量 10	2020-08-15T16:01:06+08:00	11.733333	自定	(176 像素 = 15.0000 像素)	IMG_20200815_074653.jpg	12985.21517	173.863636	185.113636
测量 11	2020-08-15T16:03:17+08:00	16.866667	自定	(253 像素 = 15.0000 像素)	IMG_20200815_074904.jpg	8330.25512	150.889328	160.671937
测量 12	2020-08-15T16:04:30+08:00	20.133333	自定	(302 像素 = 15.0000 像素)	IMG_20200815_074948.jpg	3163.09482	100.331126	111.556291
测量 13	2020-08-15T16:06:09+08:00	15.933333	自定	(239 像素 = 15.0000 像素)	IMG_20200815_075031.jpg	8642.35395	151.631799	173.096234
测量 14	2020-08-15T16:09:41+08:00	14.933333	自定	(224 像素 = 15.0000 像素)	IMG_20200815_075154.jpg	13397.43702	216.160714	179.866071
测量 15	2020-08-15T16:11:40+08:00	13	自定	(195 像素 = 15.0000 像素)	IMG_20200815_075500.jpg	16859.19527	230.461538	184.615385
测量 16	2020-08-15T16:14:15+08:00	12.8	自定	(192 像素 = 15.0000 像素)	IMG_20200815_075846.jpg	19554.99878	178.046875	190.9375
测量 17	2020-08-15T16:15:34+08:00	11.666667	自定	(175 像素 = 15.0000 像素)	IMG_20200815_080017.jpg	16908.02449	217.714286	195.942857
测量 18	2020-08-15T16:17:15+08:00	22.266667	自定	(334 像素 = 15.0000 像素)	IMG_20200815_080227.jpg	2217.414572	61.661677	79.491018
测量 19	2020-08-15T16:18:39+08:00	13.866667	自定	(208 像素 = 15.0000 像素)	IMG_20200815_080358.jpg	15299.70877	196.730769	176.394231
测量 20	2020-08-15T16:19:46+08:00	14	自定	(210 像素 = 15.0000 像素)	IMG_20200815_080519.jpg	13223.17857	189.285714	152.928571
测量 21	2020-08-15T16:21:13+08:00	15.2	自定	(228 像素 = 15.0000 像素)	IMG_20200815_080707.jpg	12185.9678	166.447368	142.631579
测量 22	2020-08-15T16:23:47+08:00	24	自定	(360 像素 = 15.0000 像素)	IMG_20200815_080819.jpg	4759.357639	91.083333	107.083333
测量 23	2020-08-15T16:24:43+08:00	24	自定	(360 像素 = 15.0000 像素)	IMG_20200815_080819.jpg	4759.357639	91.083333	107.083333
测量 24	2020-08-15T16:27:16+08:00	20.733333	自定	(311 像素 = 15.0000 像素)	IMG_20200815_080927.jpg	4517.095822	102.057878	90.192926
测量 25	2020-08-15T16:28:58+08:00	18.6	自定	(279 像素 = 15.0000 像素)	IMG_20200815_081453.jpg	1374.066366	61.397849	54.301075

图 4-23　将数据导入 Excel 中

3）对电子表格中的数据进行计算，先计算出 17 条数据对应的面积之和，用求和函数计算出面积和为 161 364.738 9，这里的逻辑单位是像素，从设计测量比例的对话框可知，对应的实际单位是 mm，即第一株大豆全部叶片面积为 161 364.738 9 mm²，合 0.161 364 738 m²，约等于 0.16 m²。

重复上述操作，可以得到第二株、第三株……直到第十株的叶片面积分别是 0.085 125 145 m²、0.133 914 155 m²、0.156 660 538 m²、0.125 233 231 m²、0.093 562 475 m²、0.145 622 887 m²、0.171 155 475 m²、0.198 452 314 m²、0.132 558 548 m²。

4）对 10 株大豆面积进行求平均值，结果为 0.140 364 951 m²，那么 104 株大豆叶面积总和为：

$$\text{大豆叶面积总和} = 1\,\text{株大豆叶面积} \times \text{株数} = 0.140\,364\,951 \times 104 = 14.597\,954\,8\ \text{m}^2 \tag{4-6}$$

5）计算叶面积指数（LAI）

$$\text{LAI} = \frac{\text{叶面积总和}}{\text{土地面积}} = \frac{14.597\,954\,904\ \text{m}^2}{4\ \text{m}^2} = 3.649\,488\,726 \approx 3.65 \tag{4-7}$$

★实验结果分析

R2～R6 期叶面积指数呈增加趋势，R6 期达到峰值，之后开始降低。叶面积指数发展动态大致呈抛物线型，在各生育期随密度增大先增加后减小，以 M3 群体叶面积指数最大。R2 期各群体之间叶面积指数变化幅度不大，之后各群体之间变化较为明显，M1 和 M4 群体显著低于其他群体，如图 4-24 所示。

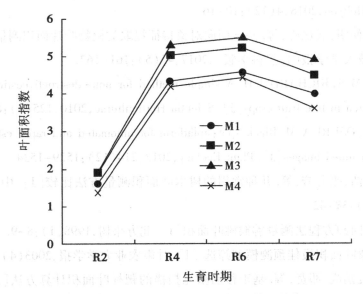

图 4-24　正常不同生长期下叶面积指数趋向

图中 M1、M2、M3、M4 分别代表 4 个密度水平：M1(16.5 万株/hm²)、M2(19.5 万株/hm²)、M3(22.5 万株/hm²)和 M4(25.5 万株/hm²)。R2、R4 、R6、R7 分别代表盛花期 、结荚期、鼓粒期、初熟期。

通过利用 Photoshop+Excel 2010 两款软件,采用"选区+分析"图像处理方法进行测量叶面积指数,成本低、操作简单、劳动强度小、运算快、精度和准确度高;比传统方法更加具有智慧化,节省人力;相对于叶面积仪测量方法,省了财力。此方法适用于对矮秆农作物叶面积指数测量,对于树林、森林的叶面积指数的测量不太适合。

参考文献

[1]刘哲,张善文,黄文准,等. 基于双远心镜头的高精度叶面积测量方法研究[J]. 中国农机化学报,2020,41(4):138-145.

[2]李治中,谢菲,刘小梅,等. 2 种常用叶面积测量方法准确性的比较研究[J]. 中国农学通报,2013,29(19):193-197.

[3]张奇,徐艳蕾,朱炽阳,等. 植物叶片面积精确测量系统的设计与开发[J]. 江苏农业科学,2019,47(3):189-192+202.

[4]NAKANWAGI M J,SSEREMBA G,KABOD N P,et al. Accuracy of using leaf blade length and leafblade width measurements to calculate the leaf area of Solanum aethiopicum Shum

group[J].Heliyon,2018,4(12):10-16.

[5]刘时城,温仲明,戚德辉,等.基于面向对象特征提取的植物叶片面积测量方法[J].西北农林科技大学学报(自然科学版),2017,45(5):161-167.

[6]TIMOTHY M S,RICHARD J H. A simple method for non-destructiveestimation of total shoot leaf area in tree fruit crops[J]. Scientia Horticulturae,2010,125(3):85-89.

[7]VARMA V,OSURI A M. Black spot:aplatform for automated and rapid estimation ofleaf area from scanned images[J]. Plant Ecology,2013,214(12):1529-1534.

[8]张新平,董洁,张芳芳,等.几种常用的树木叶面积测量方法比较[J].中国城市林业,2016,14(2):38-42.

[9]秦仲麒.用回归方程法测量猕猴桃叶面积[J].北方果树,1998(1):8-9.

[10]安树康.梨叶面积最佳预测模型筛选 [J].甘肃农业大学学报,2003(4):463-466.

[11]李秋洁,袁鹏成,邓贤,等.基于移动激光扫描的靶标叶面积计算方法[J].农业机械学报,2020,51(5):192-198.

[12]李艳大,孙滨峰,曹中盛,等.基于农作物生长监测诊断仪的双季稻叶面积指数监测模型[J].农业工程学报,2020,36(10):141-149.

[13]徐卫星,薛华柱,靳华安,等.融合遥感先验信息的叶面积指数反演[J].遥感技术与应用,2019,34(6):1235-1244.

[14]雷亚平,韩迎春,杨北方,等.利用无人机数字图像监测不同棉花品种叶面积指数[J].中国棉花,2018,45(12):9-15.

[15]王亚杰.基于无人机多光谱遥感的玉米叶面积指数监测方法研究[D].咸阳:西北农林科技大学,2018.

第五章
图像处理技术助力田间管理"智能化"

目前,我国智慧农业处于规模应用期,该时期内精准农业、新技术的快速发展为农业机器人发展提供了新的可能,采摘机器人及利用计算机视觉等技术实现水果的自动分拣系统得到了广泛应用,农业无人机植保也不断在发展。

智慧农业是农业的根本出路,国家也在智慧农业或智慧农业产业化上给予更多的政策及扶持。2017 年的中央一号文件中,明确了以"农业供给侧结构性改革"为主线,提到了加快科技研发,实施智慧农业工程,推进农业物联网和农业装备智能化;2018 年中央一号文件的主旨为"实施乡村振兴战略",提到了发展数字农业,推进物联网实验和遥感技术的应用。

一、农作物智能化防治病虫害

农作物的生长过程中遇到病害现象十分常见,病害直接影响着农作物产量。传统人工识别农作物病害有很大的局限性,若要肉眼观察,或者通过查阅相关病害书籍资料来确定病害种类,这显示已经跟不上当前现代化农业发展步伐。进度慢、容易误判,往往错过最佳喷药时机,造成经济损失。随着人工智能技术的成熟,我国智能化防治病虫害已经得到了多年探索与应用。智能病虫害监控系统,由虫情信息自动采集分析系统、孢子信息自动捕捉培养系统、远程小气候信息采集系统、病虫害远程监控设备、害虫性诱智能测报系统等设备组成,可自动完成虫情信息、病菌孢子、农林气象信息的图像及数据采集,并自动上传至云服务器,用户通过网页、手机即可联合农作物管理知识、农作物图库、灾害指标等模块,对农作物实时远程监测与诊断,提供智能化、自动化管理决策,是农业技术人员管理农业生产的"千里眼"和"听诊器"。

1. 识别原理

智能识别病虫害的核心技术是图像识别,图像识别基于图像处理技术。当农作物感染病害时,在颜色、形状、纹理等方面会发生改变,图像处理技术识别病害的原理也通常依据这三个特征指标进行识别,基于图像处理的病害识别技术一般包括图像采集、图像预处理、图像分割、图像特征提取、图像识别等过程,如图5-1所示。每个步骤都非常重要,尤其是图像分割效果影响着图像特征提取,特征提取又是图像分析识别的关键,从而影响病害的识别结果。利用图像处理技术可以更好地观察差异,及时有效地获取农作物生长和病害程度信息,为精准喷洒农药提供了依据。精准喷洒农药一方面避免农害对农作物产量的影响;另一方面,可以将农药充分吸收利用,避免农药残留对土壤和大气的污染,向绿色化方向发展。因此,利用病害图像特征提取技术在农作物病害识别方面的研究具有很大意义。

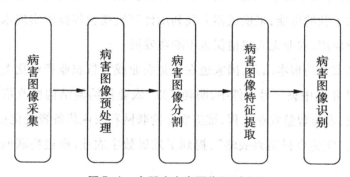

图5-1　水稻病虫害图像识别流程

2019年张开兴等利用图像处理技术和BP神经网络算法引入玉米叶部病害识别诊断中,对田间采集的玉米叶部病害样本图像进行背景去除、灰度化处理、阈值分割、噪声去除等预处理操作,实现叶部病害图像的分割;通过提取病害图像颜色特征和形状特征的17个参量,作为BP神经网络的输入,实现了玉米叶部常见6种病害的分类识别。实验结果表明,6种玉米叶部病害的平均识别率为93.4%,取得较好的识别效果,具有一定的实用价值。

苏博妮等从图像分割、特征提取和图像识别三个方面进行阐述水稻病虫害的识别过程,并基于Matlab 2012设计了水稻病虫害分割算法。实验表明,基于图像处理技术的水稻病虫害分割方法自动执行,准确性较高,为今后开发水稻病虫害识别系统提供参考。

李盛兰等以Matlab图像处理软件为工具,通过拍摄采集病害小麦叶片图片,按照将彩色图像转变成灰度图像、绘制灰度图像直方图并确定分割阈值、灰度图像二值化等顺序,客观地分析识别出正常叶片同病害叶片的基本分布状况,同时依照农作物病害覆盖率初步识别判断病害程度,对大面积农田农作物具备很好的适用性,给病害的防治工作提供了参考依据。

2019 年南京农业大学信息科技学院郭小清等利用索尼 DSC-WX350 相机拍摄番茄病叶花叶病、早疫病、晚疫病图像共 639 张，以 Matlab 2016a 为工具，选择 HSV 模型中的 4 维 H 分量等量分割波段作为颜色特征，基于灰度差分统计的均值、对比度和熵 3 维特征作为纹理特征，融合 7 维特征向量作为支持向量机(SVM)分类器的输入，用粒子群算法(PSO)优化 SVM 模型参数。试验结果表明，融合灰度差分统计与 H 分量 4 维特征的病害识别模型准确率可达 90%，该方法提高了番茄叶部病害识别准确率。

2019 年贵州大学王彦翔等首先简单介绍了以深度学习为代表的图像识别技术的基本原理，再系统地阐述了基于深度学习的先进成像技术和先进图像识别分析技术在农作物病害检测识别中的国内外研究现状，分析了深度学习图像识别技术在农作物病害检测识别上存在的优缺和不足，作者团队因此对该方法进行改进，提出利用高光谱成像和热红外成像与深度学习相结合将会大大提高病害识别率，为今后研究农作物病虫害早期检测指出方向。

上述对于病虫识别方法大都基于形状、颜色、纹理特征参数的结合很好地描述了病害特征，提高了病害特征提取的完整性，而且基于综合特征的识别系统更适合复杂的农田情况，对农作物病害信息进行提取管理，具有重要的意义。但是，还存在一定的问题和局限，过多的特征参数会增加大量计算，加大建立识别模型的难度。在图像的分割方面仍存在着分割困难等问题。应该针对不同的病害，选择一个最优的特征向量，充分描述病害的信息情况，这样能够加快识别速度，提高效率。

随着 IT 行业的飞速发展，数字图像处理技术也迅速发展，在很多领域都展示出图像处理技术的强大，尤其是图像识别技术成为工作、学习、生活的组成部分，然而将图像处理技术应用于农业科技也取得了很大进步。在农作物病害方面虽然有多种方法(如遗传算法、BP 神经网络算法、深度学习、光谱成像、特征迁移学习等)，其核心技术离不开图像处理。病害识别过程一般都要经过图像的预处理、图像的分割、特征提取、图像识别等过程。目前，农作物病虫害图像处理技术主要以颜色、纹理、形状等为特征进行识别。在病害识别过程中大部分采用的软件是 Matlab，该软件功能强大，但是专业性强，一般人无法快速掌握，建议可以采用 Photoshop 与 Matlab 相结合的方法来完成病害识别完全是可行的，一方面对于图像的预处理、图像分割等，Photoshop 也是可以完成，另一方面，Photoshop 非常容易掌握。

2. 大豆病害和虫害灾情估算

无论是病害还是虫害，都能够在视觉上体现出来，大致分为两种情况：病害导致大豆的植株尤其是茎叶变色、长斑、卷曲等；而虫害往往导致叶片上留下虫口(即虫啃食茎叶后留下来的孔洞)。对于病害、虫害灾情评估可以从宏观和微观两种视角评估。从宏观上评估可以通过无人机航拍采集大豆田图像,从微观上可以针对一株大豆或者一片大豆叶进行分析。无论从宏观上还是微观上估计灾情,原理都是一样的。下面从微观上估算病虫害受害级别。

(1)估算过程

①从大豆田里找到一片具有代表性的虫害叶片,并进行采集图像,如图 5-2 所示。

②先将采集图像导入电脑有 PhotoshopCC 打开,创建叶片的完整选区,如图 5-3 所示。

图 5-2　采集虫灾叶片图像　　　　图 5-3　创建完整叶片选区

③执行"图像—分析—记录测量"命令,将当前选区(完整叶片)信息记录。

④取消完整叶片选区后,利用魔棒工具或快速选择工具将叶片上所有的虫洞选中,如图 5-4 所示。

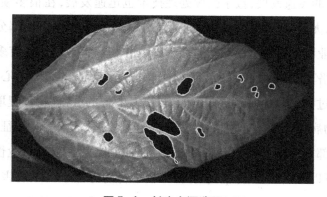

图 5-4　创建虫洞选区

⑤单击"测量记录"调板上的"记录测量"按钮,将当前全部虫洞进行测量记录,如图 5-5 所示。

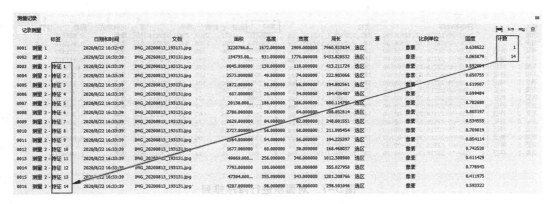

图 5-5　全部虫洞测量信息

（2）数据处理与分析　通过"计数"标签中的两个数据 1、14 可知孔洞数为 14。这里"计数"标签下的 1，是指第一次测量记录只创建了 1 个完整叶片的选区；而"计数"标签下的 14，则代表有 14 个选区。可知一个选区就是一个孔洞，所以虫洞数量为 14。另外，这 14 个孔洞对应了"标签"下的"测量 2"下面的 14 个特征量，分别是"测量 2-特征 1""测量 2-特征 2"……"测量 2-特征 14"。14 个洞，14 条数据，数据保留了日期、文档、面积、高度、周长、圆度等新系列，可以进一步通过导出数据到 Excel 中进行后期分析和运算。

①将全部数据选择，并导出"虫害孔洞数量统计与分析.txt"，如图 5-6 所示。

标签	日期和时间	文档	面积	高度	宽度	周长	源	比例单位	圆度	计数
测量 1	2020-08-22T16:32:47+08:00	IMG_20200813_193131.jpg	3220786	1672	2909	7960.933834	选区	像素	0.638622	
测量 2	2020-08-22T16:33:39+08:00	IMG_20200813_193131.jpg	154793	931	1776	5433.828532	选区	像素	0.065879	14
测量 2-特征 1	2020-08-22T16:33:39+08:00	IMG_20200813_193131.jpg	8045	130	110	413.211724	选区	像素	0.592094	
测量 2-特征 2	2020-08-22T16:33:39+08:00	IMG_20200813_193131.jpg	2573	49	74	222.903066	选区	像素	0.650755	
测量 2-特征 3	2020-08-22T16:33:39+08:00	IMG_20200813_193131.jpg	1872	50	66	194.802561	选区	像素	0.619907	
测量 2-特征 4	2020-08-22T16:33:39+08:00	IMG_20200813_193131.jpg	607	26	34	104.426407	选区	像素	0.699484	
测量 2-特征 5	2020-08-22T16:33:39+08:00	IMG_20200813_193131.jpg	20138	186	166	600.11479	选区	像素	0.70268	
测量 2-特征 6	2020-08-22T16:33:39+08:00	IMG_20200813_193131.jpg	2788	58	64	208.852814	选区	像素	0.803197	
测量 2-特征 7	2020-08-22T16:33:39+08:00	IMG_20200813_193131.jpg	2629	84	62	248.601551	选区	像素	0.534555	
测量 2-特征 8	2020-08-22T16:33:39+08:00	IMG_20200813_193131.jpg	2727	56	68	211.095454	选区	像素	0.769019	
测量 2-特征 9	2020-08-22T16:33:39+08:00	IMG_20200813_193131.jpg	2564	54	56	194.225397	选区	像素	0.854114	
测量 2-特征 10	2020-08-22T16:33:39+08:00	IMG_20200813_193131.jpg	1677	60	38	168.468037	选区	像素	0.74252	
测量 2-特征 11	2020-08-22T16:33:39+08:00	IMG_20200813_193131.jpg	49869	256	346	1012.38896	选区	像素	0.611429	
测量 2-特征 12	2020-08-22T16:33:39+08:00	IMG_20200813_193131.jpg	7793	100	108	355.027958	选区	像素	0.776943	
测量 2-特征 13	2020-08-22T16:33:39+08:00	IMG_20200813_193131.jpg	47304	355	343	1201.208766	选区	像素	0.411975	
测量 2-特征 14	2020-08-22T16:33:39+08:00	IMG_20200813_193131.jpg	4207	96	78	298.501046	选区	像素	0.593322	

图 5-6　导出 txt 文件

②全选"虫害孔洞数量统计与分析.txt"中的数据，将其复制、粘贴到 Excel 表格中，可针对虫洞的面积、圆度等信息进行分析，为了分析方便可将面积、圆度等进行排序，如图 5-7 和图 5-8 所示。通过面积排序可知，有 1 个最小的虫洞，3 个较大的虫洞，剩余的 11 个虫洞大小差别不是很明显。通过面积、圆度分析可以为确定虫害种类提供依据。

	A	B	C	D	E	F	G	H	I	J	K	L
标签		日期和时间	文档	面积	高度	宽度	周长	源	比例单位	圆度	计数	
测量 1		2020-08-22T16:32:47+08:00	IMG_20200813_193131.jpg	3220786	1672	2909	7960.933834	选区		0.638622	1	
测量 2		2020-08-22T16:33:39+08:00	IMG_20200813_193131.jpg	154793	931	1776	5433.828532	选区	像素	0.065879	14	
测量 2 - 特征 1		2020-08-22T16:33:39+08:00	IMG_20200813_193131.jpg	49869	256	346	1012.38896	选区	像素	0.611429		
测量 2 - 特征 2		2020-08-22T16:33:39+08:00	IMG_20200813_193131.jpg	47304	355	343	1201.208766	选区	像素	0.411975		
测量 2 - 特征 3		2020-08-22T16:33:39+08:00	IMG_20200813_193131.jpg	20138	186	166	600.11479	选区	像素	0.70268		
测量 2 - 特征 4		2020-08-22T16:33:39+08:00	IMG_20200813_193131.jpg	8045	130	110	413.211724	选区	像素	0.592094		
测量 2 - 特征 5		2020-08-22T16:33:39+08:00	IMG_20200813_193131.jpg	7793	100	108	355.027958	选区	像素	0.776943		
测量 2 - 特征 6		2020-08-22T16:33:39+08:00	IMG_20200813_193131.jpg	4207	96	78	298.501046	选区	像素	0.593322		
测量 2 - 特征 7		2020-08-22T16:33:39+08:00	IMG_20200813_193131.jpg	2788	58	64	208.852814	选区	像素	0.803197		
测量 2 - 特征 8		2020-08-22T16:33:39+08:00	IMG_20200813_193131.jpg	2727	56	68	211.095454	选区	像素	0.769019		
测量 2 - 特征 9		2020-08-22T16:33:39+08:00	IMG_20200813_193131.jpg	2629	84	62	248.601551	选区	像素	0.534555		
测量 2 - 特征 10		2020-08-22T16:33:39+08:00	IMG_20200813_193131.jpg	2573	49	74	222.903066	选区	像素	0.650755		
测量 2 - 特征 11		2020-08-22T16:33:39+08:00	IMG_20200813_193131.jpg	2564	54	56	194.225397	选区	像素	0.854114		
测量 2 - 特征 12		2020-08-22T16:33:39+08:00	IMG_20200813_193131.jpg	1872	50	66	194.802561	选区	像素	0.619907		
测量 2 - 特征 13		2020-08-22T16:33:39+08:00	IMG_20200813_193131.jpg	1677	60	38	168.468037	选区	像素	0.74252		
测量 2 - 特征 14		2020-08-22T16:33:39+08:00	IMG_20200813_193131.jpg	607	26	34	104.426407	选区	像素	0.699484		

图5-7　对面积进行降序排列

	A	B	C	D	E	F	G	H	I	J	K	L
标签		日期和时间	文档	面积	高度	宽度	周长	源	比例单位	圆度	计数	
测量 1		2020-08-22T16:32:47+08:00	IMG_20200813_193131.jpg	2564	54	56	194.225397	选区		0.854114	1	
测量 2		2020-08-22T16:33:39+08:00	IMG_20200813_193131.jpg	2788	58	64	208.852814	选区	像素	0.803197	14	
测量 2 - 特征 1		2020-08-22T16:33:39+08:00	IMG_20200813_193131.jpg	7793	100	108	355.027958	选区	像素	0.776943		
测量 2 - 特征 2		2020-08-22T16:33:39+08:00	IMG_20200813_193131.jpg	2727	56	68	211.095454	选区	像素	0.769019		
测量 2 - 特征 3		2020-08-22T16:33:39+08:00	IMG_20200813_193131.jpg	1677	60	38	168.468037	选区	像素	0.74252		
测量 2 - 特征 4		2020-08-22T16:33:39+08:00	IMG_20200813_193131.jpg	20138	186	166	600.11479	选区	像素	0.70268		
测量 2 - 特征 5		2020-08-22T16:33:39+08:00	IMG_20200813_193131.jpg	607	26	34	104.426407	选区	像素	0.699484		
测量 2 - 特征 6		2020-08-22T16:33:39+08:00	IMG_20200813_193131.jpg	2573	49	74	222.903066	选区	像素	0.650755		
测量 2 - 特征 7		2020-08-22T16:33:39+08:00	IMG_20200813_193131.jpg	3220786	1672	2909	7960.933834	选区	像素	0.638622		
测量 2 - 特征 8		2020-08-22T16:33:39+08:00	IMG_20200813_193131.jpg	1872	50	66	194.802561	选区	像素	0.619907		
测量 2 - 特征 9		2020-08-22T16:33:39+08:00	IMG_20200813_193131.jpg	49869	256	346	1012.38896	选区	像素	0.611429		
测量 2 - 特征 10		2020-08-22T16:33:39+08:00	IMG_20200813_193131.jpg	4207	96	78	298.501046	选区	像素	0.593322		
测量 2 - 特征 11		2020-08-22T16:33:39+08:00	IMG_20200813_193131.jpg	8045	130	110	413.211724	选区	像素	0.592094		
测量 2 - 特征 12		2020-08-22T16:33:39+08:00	IMG_20200813_193131.jpg	2629	84	62	248.601551	选区	像素	0.534555		
测量 2 - 特征 13		2020-08-22T16:33:39+08:00	IMG_20200813_193131.jpg	47304	355	343	1201.208766	选区	像素	0.411975		
测量 2 - 特征 14		2020-08-22T16:33:39+08:00	IMG_20200813_193131.jpg	154793	931	1776	5433.828532	选区	像素	0.065879		

图5-8　对圆度进行降序排列

③利用 Excel 公式或者函数,计算出所有孔洞所占的面积之和为 154 793 像素;而通过数据信息行可知完整叶片的面积是 3 220 786 像素,则虫洞占比计算如下:

$$虫洞占比 = \frac{特征量\,2\,的面积}{特征量\,1\,的面积} = \frac{154\,793}{3\,220\,786} = 0.048\,060\,629 \approx 4.8\%$$

可利用同样的方法对病灾进行估算。

如图 5-9 所示是一个得了灰斑病的大豆叶片,估算时,创建选区需要用到魔棒工具,对于魔棒工具选择,一定要注意"容差"的设置,容差大小,决定选区的大小,选区的大小决定斑点面积占比大小。

对于一块田地灾情估计利用一片叶子显然不够科学,可对一块大豆田的秧苗情况进行估计,如图 5-10 和图 5-11 所示,是一块生病的豆田。同样可以利用魔棒工具选择与正常叶片颜色不同的部分,估算出受灾程度,为选择农药的数量提供依据。

图5-9　灰斑病大豆叶

图5-10　生病的大豆田

图5-11　选择病变的叶片

二、除草机器人助力田间除草

在农作物生长过程中,杂草伴生是不可回避的问题,大豆田间杂草主要包括禾本科杂草和菊科杂草,禾本科杂草主要有马唐、牛筋草、白茅、狗尾草等,菊科杂草主要有刺儿菜、蒲公英、苍耳、苦菜等,苋科杂草主要有反枝苋、白苋等,恶性杂草主要有菟丝子,如图5-12所示。

图5-12　常见杂草

杂草是农业生产中普遍发生的生物灾害。杂草会侵占农作物生长的空间,遮挡阳光,影响农作物的光合作用,最为不利的是杂草吸收土壤营养成分的能力远远大于农作物,有些寄生性杂草,如菟丝子,可将大豆"吃掉"。这样,杂草的存在直接影响着农作物的产量和质量。据统计,我国每年因草害造成的损失达到农作物产量的14%,为减少杂草对农作物危害,目前农村普遍采用化学除草剂法除草。化学除草剂法除草的效果虽然非常明显,但是化学除草剂方法除草的弊端也很多,长期使用化学除草剂,会给农业带来新的问题,如杂草抗药性问题、土壤环境恶化、大气环境污染等。随着人们日益增长的绿色食品、舌尖安全观念与环保意识的增强,化学除草剂的减少或停用将不可回避,这也为农业健康可持续发展奠定基础。

随着农村劳动力的大量流出,农田集约化规模的不断发展,传统纯人工的劳作逐渐被机器代替,因此,器械除草也是目前比较流行的除草方式,可以显著提高除草效率,减少人力浪费,比化学除草剂环保。但是大部分除草器械只能除去农作物行间杂草,无法除去株间杂草,株间杂草还要靠人工或者其他方式进行后期清除。目前,农村劳动力紧缺,劳动力价格逐年上涨,显然,这种除草方式无法满足现在农作物的大规模种植。只有彻底解决株间除草问题,才能解放生产力,真正的实现农业环保化、自动化、智能化发展。随着农业物联网、云计算、大数据及人工智能等高新技术的出现和发展,给智能农业装备技术的研究带来全新的发展机遇。在这种新背景与新形势下,智能除草机器人朝着智能化、微型化、集成化等方向发展。

1. 智能除草机器人国内外研究现状

目前国外对于智能除草机器人的研究起步早,技术比较成熟,发展呈现出商品化、信息化、全球化;技术创新强度持续加大,研发资金稳定投入产品;产品开发向着提供系统化综合解决的方向发展。近年来,瑞典、丹麦、荷兰、法国、美国、日本等国家均在智能除草机器人的研究方面取得了长远的发展。

澳大利亚昆士兰科技大学研制了一台名为 AgBot II 的智能除草机器人,如图5-13所示。它采用模块化设计,由机器人平台和除草模块组成。除草模块分为机械除草模块和喷雾除草模块,其设计为可拆卸的和可互换的。AgBot II 采用电力驱动,当电力不足时,能自动到附近太阳能充电站充电。AgBot II 有自己的可快速部署的杂草分类系统,能够在没有先前的杂草物种信息的情况下识别,而且具有植物物种特异性处理系统,能够根据杂草种类选择性地应用机械或化学控制方法。

与国外相比,国内对于智能除草机器人的研究发展较晚,整体竞争力弱,品种门类少,整体技术水平低。目前仍然处于实验室阶段,主要还是对关键技术的分析和研究居多,在精度、工作效率和智能化等性能方面落后于发达国家。

对于导航定位的研究,戈振扬等提出了一种 GPS 组合模糊控制的导航系统。采用 4 个独立的 GPS,确定田间行走规则,为模糊控制确定除草机器人行内行走路径提供依据,其最大偏差能控制在 2.5 cm,并使用 Matlab 对 GPS 组合模糊控制器进行动态仿真,分析其导航准确与精度。

图 5-13 AgBot Ⅱ 智能除草机器人

张丽慧设计了一种智能除草机器人,利用图像识别技术和机械手准确定位技术进行除草,绿色环保,省时省力;另外,结合多种传感器,智能化程度高,保证除草的精度,大大提高田间作业效率,除草机器人实物图如图 5-14 所示。

图 5-14 除草机器人实物图

王璨等提出一种融合高度与单目图像特征的识别模型,提取形态与纹理 18 个参数特征,经过优化选择出最佳特征集与基于双目图像提取的高度特征参数相融合,在玉米幼苗 2~3 叶、3~4 叶和 4~5 叶期间的识别率为 96.67%、100%、98.33%。

2. 智能除草机器人的植物识别技术

准确地识别出农作物与杂草，是智能除草机器人的关键技术。从 20 世纪 80 年代机器视觉开始用于田间除草，随着技术的不断发展，目前机器视觉被广泛地应用于农业生产。机器视觉识别农作物与杂草需要 4 个基本要素（或过程），分别是农作物图像获取、图像预处理、农作物图像特征提取、农作物分类。

根据国内外研究现状，将杂草与农作物信息获取技术总结为 4 类：人工获取法、GPS 技术、机器视觉技术、近距离传感器。如表 5-1 是农作物与杂草信息获取技术的比较。

表 5-1　作物与杂草信息获取技术比较

方法	优点	缺点
机器视觉	精度高、灵活性强、无接触性测量、硬件成本较低	受外界因素影响（光线、机械振动、杂草密度等）
GPS	精度很高、有预判功能、不受外界环境干扰	投入成本高、配套设备要求高
近距离传感器	成本低、操作方便、系统简单	精度低、受作物杂草的大小密度影响

目前最常用、最普遍的农作物与杂草的定位识别是使用机器视觉技术。利用机器视觉实现植物图像采集系统通常由光源、镜头、相机、图像采集卡及计算机等组成，图像采集系统如图 5-15 所示。

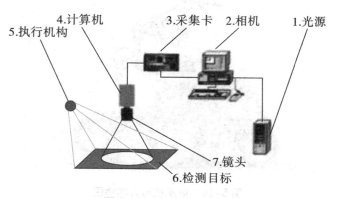

图 5-15　图像采集系统

目前国外除草机器人技术相对比较成熟，而中国除草机器人还在研发测试阶段，比如除草机器人"田间壮汉"。

对通过上述方法和技术采集到的农作物信息图像需要进行预处理,预处理包括图像增强、图像分割、颜色转换等。图像增强是用于增强和调整原始图像的对比度以解决诸如光照和阴影的亮度问题的可变性过程。颜色转换可根据不同的目的和需求进行转换。

进行农作物与杂草的特征提取和特征处理是提高识别准确率的关键。对植物图像常提取的特征有颜色、纹理、光谱、高度、形态、分形维数等。其中颜色特征是上述的视觉特征中最形象的、最稳定的,对图像本身的尺寸、方向、视角的依赖性较小,从而具有较高的鲁棒性,常用的提取方法有颜色直方图、颜色矩、颜色集、颜色聚合向量及颜色相关图等。

由于机器学习方法的出现,具有数据学习能力的分类模型被广泛地应用在杂草与农作物识别,主要通过将提取的图像特征形成数据特征集合,然后使用数据特征训练模型,训练后的模型能够对不同的特征数据进行分类,实现农作物与杂草的分类。

3. 存在的问题

目前对于智能除草装备与技术的研究比较多,存在的突出问题是科研成果没有与实际生产相结合。国外的某些除草机器人已经进行商业化生产,如 AgBot、Bonirob 等,国内则由于研究起步较晚,研究方向也多集中在图像处理、导航定位等领域,都是作为一种单一的技术而存在的,没有形成良好的技术结合,给实际应用带来一定的困难。智能除草机器人结构和控制系统较为复杂,生产成本高。

国内外的智能除草装备与技术的研究都取得了长久地发展。国外的智能除草机器人呈现出商品化的发展趋势,而国内的研究主要集中于单一技术的发展,综合水平落后于发达国家,与达到实用化仍然有一定的差距。智能除草装备与技术的出现,大大降低了农业生产成本,减少了农业对人工劳动力的长期依赖,提高了除草效率及除草精度。随着中国社会老龄化严重,从事农业生产人员持续减少,中国逐渐失去廉价劳动力的优势,智能除草装备将会在中国农业生产中占有越来越重要的地位。

参考文献

[1] TECH A, SILVA A, MEIRA L, et, al. Methods ofimage acquisition and software development for leaf area measurements inpastures[J]. Computers and Electronics in Agriculture,2018,153:289-301.

[2]张丽慧,尹序臻,江永鑫,等. 基于 STM32 的智能除草机器人设计[J]. 福建轻纺,2020(2):23-28.

[3]张文莉,陈树人,褚德宏.除草机器人研究现状与趋势[J].农业装备技术,2015,41(2):6-10.

[4]中华人民共和国农业部.中国农业统计资料(2016)[M].北京:中国农业出版社,2017.

[5]SLAUGHTER D C,GILES D K,DOWNEY D. Autonomous roboticweed control systems :A review [J]. Computers and elec –tronics in agriculture,2008,61(1):63-78.

[6]GOBOR Z. Mechatronic system for mechanicalweed controlof the intra – row area in row crops [J]. Künstliche Intelli –genz,2013,27(4):379-383.

[7]HALL D, DAYOUB F, PEREZ T, et al. A rapidly deployableclassification system using visual data for the application ofprecision weed management [J]. Computers and Electron –ics in Agriculture,2018(148):107-120.

[8]姚恒峰.基于双目视觉的农业机器人导航系统研究[D].呼和浩特:内蒙古大学,2017.

[9]陈艳,张漫,马文强,等.基于GPS和机器视觉的组合导航定位方法[J].农业工程学报,2011,27(3):126-130.

[10]白敬,徐友,魏新华,等.基于光谱特性分析的冬油菜苗期田间杂草识别[J].农业工程学报,2013,29(20):128-134.

[11]孙俊,何小飞,谭文军,等.空洞卷积结合全局池化的卷积神经网络识别农作物幼苗与杂草[J].农业工程学报,2018,34(11):159-165.

[12]王璨,李志伟.利用融合高度与单目图像特征的支持向量机模型识别杂草[J].农业工程学报,2016,32(15):165-174.

[13]胡迎思,于跃,朱凤武.基于图像处理的田间杂草识别定位技术的研究[J].农业与技术,2018,38(3):17-20.

[14]王宏艳,吕继兴.基于纹理特征与改进SVM算法的玉米田间杂草识别[J].湖北农业科学,2014,53(13):3163-3166,3169.

[15]王淑芬,杨玲香.基于GA-ANN融合算法的棉田杂草特征降维及分类识别[J].河南农业科学,2018,47(2):148-154,160.

[16]姜红花,王鹏飞,张昭,等.基于卷积网络和哈希码的玉米田间杂草快速识别方法[J].农业机械学报,2018,49(11):30-38.

第六章
图像处理技术助力农产品贸易"电商化"

2019年10月16日,人民网新电商研究院发布《农村电商发展趋势报告》(以下简称《报告》)。《报告》指出,随着新经济业态和新消费形式的崛起,中国的社会和商业环境正迎来深层次的变革。尤其是在广袤的农村地区,在以电商为代表的新模式和新技术的推动下,农村地区的"上行下达"正经历巨大变化,助力农村经济拥抱一个前所未有的重大历史机遇。

《报告》分析认为,电商将从三个维度推动中国农村的各类生产要素优化重组。尤其是近年来,以拼多多为代表的创新农货上行模式,有望破解中国农业现代化之路上所面临的难题,走出一条中国特色农业现代化致富之路。

一、研究背景和意义

河南作为一个农业大省,农业经济是河南省经济主命脉。借助互联网,河南省农产品电子商务发展实现了新的跨越,与"互联网+"相伴而生的各种新技术、新业态也正显现良好态势。截至2018年11月底,全省互联网用户总数突破1亿,达到1.1亿户,居全国第4位,增长15.9%;全省互联网宽带接入用户、移动互联网用户、4G用户、IPTV用户新增数均居全国前列。全省所有行政村均实现光纤接入全覆盖。2018年前11个月,全省电子商户交易额13 814亿元,比2017年同期增长19.5%;网络零售额2 968亿元,比2017年同期增长29.9%,占社会消费品零售总额的15.9%。2014年河南省被确定为全国首批"电子商务进农村"综合示范试点。全省获国家支持的第一批综合示范县有7个,第二批有8个,前后共支持资金3亿元。目前全省国家级示范县已达21个,省级示范县27个,截至2016年年底,两级示范县已建成县级电子商务服务中心22个,乡级电子商务服务站211个,村级服务点4 156个,开设网店21 089个,带动就业66 000人。农村电子商务产业集群数量也在不断增加。2014年,河南第一个"淘宝村"——焦作孟州桑坡村——诞生,标志着河南第一个农村电子商务产业集群形成。据阿里巴巴集团发布的

"2017中国数字经济发展报告"显示,2017年年底河南淘宝村数量已达34个,全国排名第7位,农产品电子商务销售金额全国占比2.9%,全国排名第11位。多家全国知名电子商务平台企业把河南省作为其业务重点发展地区。河南省已同阿里巴巴签署多项与电子商务相关的战略合作协议,阿里巴巴的农村电商在河南已覆盖53个县(市)、2 600多个行政村。物流业近几年也得到了长足发展,物流时效全国排名第7。这些都为我省广大农村电子商务平台的开设与交易提供了有力支持。它可以很好地解决农产品的销售问题,通过互联网进行农产品销售,既改善了农产品的销售渠道,又加大了农产品的销售数量,对于农村和农民而言都是百利而无一害的事。通过问卷调查,可以看出国家农村基础设施、农民意识已经具备农产品"电商化"的条件,表6-1是有关农村电子商务的问卷调查。

表6-1 农村电子商务调查第15题反馈结果

第15题 你觉得农村电商有什么优势?（多选题）

选项	小计	比例
网络技术越发成熟	686	56.14%
新的发展机遇、市场巨大	945	77.33%
增加消费可选择性	757	61.95%
减少中间环节,农村挣得多	883	72.26%
本题有效填写人次	1222	

为此,农业电子商务已成为农村经济发展、农民生活水平提高的重要推动力量。加快搭建农村电子商务平台,解决发展过程中的制约因素,就不能完全依靠市场的自发调控,需要政府引领农村电子商务发展,以"互联网+"助力精准扶贫,如图6-1所示。

图6-1 农村电子商务服务点

二、农业服务平台的开发

在电子商务的发展中,PS 这个软件在其中起到了很大的作用,这款软件能够开发电商网站、淘宝网店;对店铺中的商品图片和店铺风格进行美化,提高店铺对商品的宣传效果和展示效果,使顾客通过图片可以对商品有大致的了解,产生购买的欲望,提高店铺的成交量。

农业服务平台可以有动态网站和静态网站,针对农民的文化层次和农村电商网站的普遍需求,打造静态网站即可,静态网站所需要的技术完全可以由 PS 来完成,操作过程如下:

1. 页面的总体规划

一般的网页,不会超过显示器宽度的大小,对于传统的 1 920 像素宽度的显示器而言,网页的宽度在 1 200 像素附近比较合理。网页过宽导致的结果是,显示器无法显示全部的网页宽度,用户在浏览网页时,需要拖拽浏览器下方的滚动条;这给用户浏览网页带来了很大的不便。通常情况下,在设计网页大小时,一般不要在宽度上超出显示的现实范围,至于网页的高度,用户可以很方便的通过滑动鼠标上下翻动网页。因此,网页的长度具有很大的灵活性,没有通用的标准。

本项目网页的尺寸为 1 908×1 290 像素,这种尺寸比较适合于显示和浏览如图 6-2 所示;读者可根据自身网页的功能和内容灵活加以规划,不再特别加以说明。

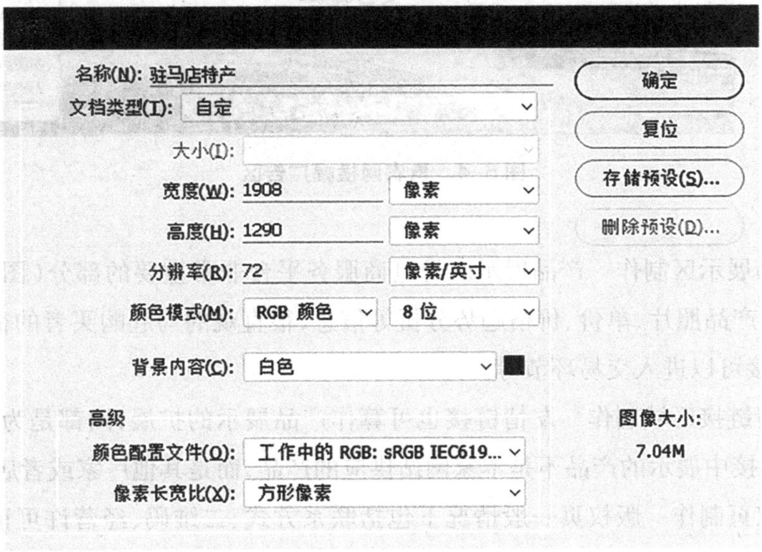

图 6-2　驻马店特产电子商务项目网页

2."首页"页面的制作过程

（1）网页页眉制作　网页的页眉区域一般包括 Logo 区和导航条。对于 Logo，可根据农产品进行设计。而对于农产品的导航条，一般分为首页、特产大全、特产之乡、品牌、商城、专卖店、网店等几个部分，如图 6-3 所示飞嘴特产网导航条部分。

图 6-3　飞嘴特产网导航条

（2）banner 区制作　banner 区就是横幅广告区，一般在 banner 区域中放置一张静态图片或者是多轮播图像，并在图片上设置了相关的宣传文字，如图 6-4 所示的框选区域即为惠农网的 banner 区。

图 6-4　惠农网横幅广告区

（3）产品展示区制作　产品展示区是电商服务平台非常重要的部分（图 6-5），通过产品的罗列，产品照片、单价、价格趋势分析等信息，很直观的勾起购买者的欲望，单击相应的图片链接可以进入交易环节等。

（4）友情链接区域制作　友情链接也可算作产品展示的扩展，因都是为了展示产品情况，只是链接中展示的产品不是本家网站供应的产品，而是其他厂家或者店家的产品。

（5）版权页制作　版权页一般情况下包括联系方式、二维码、经营许可证、营业执照等信息。

图 6-5　惠农网产品展示区

以上页面效果图制作过程可以参考本书相关章节的内容。

3. 从网页设计效果图到网页功能实现

（1）制作切片　将上述步骤创建的网页效果图片按照以上几个部分进行划分为切片，切片的划分过程可以参考"切片"相关内容。以惠农网的页眉+banner 区域为例，划分切片如图 6-6 所示。切片划分原则：一般按照功能区域划分，比如导航条区域划一块，banner 划一块，左右列表各划一块等。

图 6-6　惠农网的页眉+banner 区域划分切片

（2）导出 HTML 网页　将划好的切片执行"文件—存储为 web 所用格式"，打开"存储为 web 所用格式"对话框，默认设置，如图6-7所示，单击下方的"存储"按钮，会打开"将优化结果存储为"对话框，如图6-8所示。

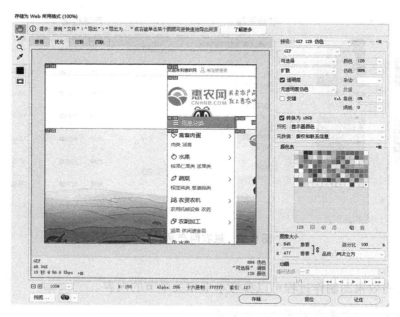

图6-7　"存储为 web 所用格式"对话框

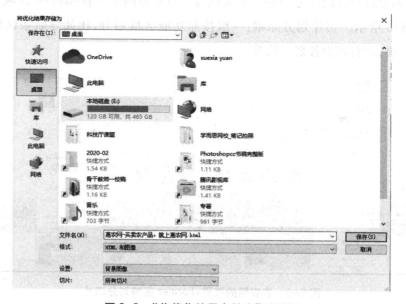

图6-8　"将优化结果存储为"对话框

在此对话框中的每一项设置都很关键:

[格式]:在此项设置中,选择"HTML 和图像"。

[设置]:在此项参数选择菜单中的最后一项,"其他",此时会弹出"输出设置"对话框,在"输出设置"对话框中,设置的参数如图 6-9 所示,然后单击"确定",重新返回"将优化结果存储为对话框"。

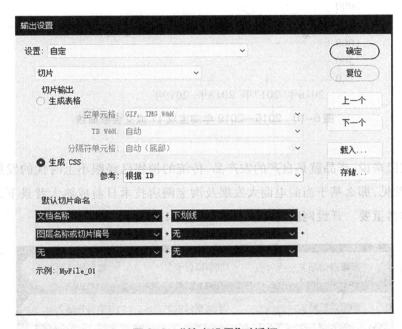

图6-9 "输出设置"对话框

[切片]:选择所有切片

所有参数设置完毕可以直接单击保存,此时在桌面上出现一个 HTML 文件和一个"images"文件夹,打开 images 文件夹,可以看到切片对应的一个个图片,双击打开桌面上生成的 HTML 文件。

(3)实现网页功能 将生成的 HTML 文档导入 Dreamweaver CS5 或者 Hbuilder 中实现网页功能,具体操作步骤可以参考相关内容。

三、淘宝网店的装修与维护

21 世纪是电子商务的时代,根据大数据统计淘宝网现在的销售额占整个中国电子商务的总销售量的 70% 左右,网购的主流大军是"80 后""90 后",这两个群体的消费能力已经成熟,未来几年淘宝会飞速发展,这是未来我国电子商务发展的一个基本趋势(图6-10)。

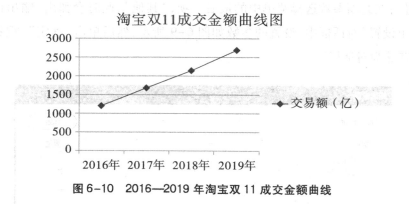

图 6-10 2016—2019 年淘宝双 11 成交金额曲线

对于农民来说,产品就是自产的农产品,传统的销售已经跟不上时代的发展,产品烂掉、滞销很常见,那么基于当前电商大发展及淘宝网店技术日益成熟大背景下,开农产品淘宝网店非常重要。开设网店的详细步骤如图 6-11 所示。

图 6-11 开设淘宝网店的流程与步骤

开设淘宝网店的步骤中,前 9 步都非常容易,关于后 3 步,都需要用到 PS,尤其是第 11 步装修店铺更加需要 PS 强有力的支持。

装修店铺分为手机端和电脑端,以电脑端为例,讲一下装修店铺的关键技术。电脑版店铺装修,主要包括淘宝网商品发布页设计。这里主要设计内容包括商品基础信息、销售信息、图文描述等,其中图文描述方面非常重要,尤其是图片,需要进行艺术美化处理,才能更好地吸引买家眼球,才能更好地打开销路。

在商品发布的"图文描述"区域,宝贝主图一般为 5 张,这 5 张图可以是店铺主营的 5 款经典商品,也可以是某种商品的不同展示细节,5 张主图必须经过艺术加工。如果是服装,需要聘请模特穿上服装、高质量相机拍摄照片、PS 修图等环节,把服装的细节、特色充分展示出来;如果是图书,需要将图书进行 PS 设计处理,或者是对照片进行处理,就是用 PS 制作出来的书籍装帧效果图,比拍照效果理想。

主图视频:视频同样需要进行精心打造,视频既可以是模特穿衣走动的连续视频,也可以是处理的图片的轮播效果,但都需要使用 PS 进行修图或者装扮。

店铺 Logo:店铺都需要有自己的 Logo,Logo 设计也需要用 PS 软件设计,关于 Logo 设计没有统一的模板,需要根据网店和商品的具体情况来设计。

淘宝店铺装修软件:在淘宝上开网店,虽说加盟店主会提供免费的网店装修服务,但这些只能提供一次,以后再有新商品上架,必须自己动手,否则就需要付费。因此掌握一定的图像处理技术,非常必要。

四、网页元素的设计

针对电子商务而言,无论是电商业务平台还是淘宝网店,都离不开以下必要的技术。

1. 抠图

电子商务中商品的效果图一般都是由商家自己进行拍摄,尤其是农产品,农民为了节省成本,常常利用手机进行拍摄,但在拍摄过程中,可能会因摄影师不够专业、周围环境杂乱等因素导致拍摄出来的商品图片效果不佳,这时我们就需要对图片进行进一步的美化处理。我们常用 Photoshop 软件中的抠图功能将商品抠取出来,Photoshop 软件中的抠图方法有选区、路径、通道等,经常使用的抠图工具是路径,过程为:借用钢笔创建路径,钢笔除了拥有绘图功能以外,还可以在图片上绘制出不规则的路径然后再转换成选区就可以把图片需要的部分抠取出来。

我们来举个例子,比如在某个电子商务网站中,想要出售洗发水这个商品,过程为先把洗发水的图片拍摄出来—再利用 Photoshop 软件对其进行美化—用其中的钢笔工具设定第一个锚点—确定第二个锚点—拖动鼠标形成一条曲线—调整使这条曲线与洗发水的边缘相吻合—松开鼠标形成新的锚点—使用转换点工具用来挑选路径—把多余的路径删除掉,重复这个过程,直到整个图像被扣取出来。

2. Logo 设计

Logo 是一个网站的招牌,亦是网站的重要标志,因此一个好的 Logo 对网站非常重要。Logo 本身作为一种独特的传媒符号,成为传播特殊信息的视觉文化语言。通过对网站 Logo 的识别、区别、引发联想、增强记忆,促进被标识体与其对象的沟通与交流,从而树立并保持对被标识体的认知、认同,达到高效提高认知度、美誉度的效果。Logo 设计需要的是一种综合能力,利用 Photoshop 设计 Logo 是非常方便快捷的。

3. 网页动画

网页动画的作用在于视觉冲击力远远超过图片和文字,更能吸引网页的浏览者;动画的表现融合了比较多的媒体,比如图片、文字、声音等,因此对于浏览者通俗易懂,生动活泼,让人更容易理解。网页动画常见格式是 GIF 动画,GIF 动画支持透明背景图像,适用于多种操作系统,"体型"很小,非常适合网络。Photoshop 的功能十分强大,利用其"时间轴"面板,可以轻松制作 GIF 动画。

4. 调整颜色

产品的颜色对销售起着至关重要的作用,有些产品在拍摄照片过程中,由于相机质量、拍摄水平、拍摄环境等影响,会导致图片颜色与实物之间的误差,那这样就需要对照片进行颜色调整,颜色调整的方法有很多,可以利用 Photoshop 软件"图像"菜单中的相关命令调整,也可以利用调整图层进行颜色调整,总之能够调整到与实物颜色近似的程度,从而起到促销目的。

5. 制作水印

添加水印:对于商品销售,为了避免侵权问题,需要对宝贝图像进行添加水印,添加水印可分为明码水印和隐形水印。关于水印添加,可参考第八章相关内容。

6. 制作按钮

网页中的按钮也是必不可少的元素,比如导航条中菜单选项按钮、搜索框按钮、跳转、停止、刷新、主页、收藏按钮等,起着非常重要的作用。网页中的按钮分为立体化按钮和扁平化按钮,目前的网页流行扁平化按钮。按钮设计原则是简单、醒目。按钮设计方法可以利用 Photoshop 设计。

电子商务进农村是发展的必然趋势,也是乡村振兴的重要利器,因此农村电子商务发展前景非常广阔。2017 年,中央就下达文件要求推进农村电商发展,并且之后多次三令五申,加强对农村电子商务的建设。由此可以看出国家对于农村电子商务的发展十分重视,因此,政府应当按照国家指示把农村电子商务的建设落在实处,为农村电子商务建设打开方便之门,加大资金支持、加大人才引进和培养。当前广大农村已具备电子商务的硬件基础,但人才的短缺是限制农村电商发展的瓶颈。张燕认为电商专业人才的短缺是当前我国电子商务发展中的普遍问题,而农村地区的电子商务从业人员的匮乏则表现得尤为明显,很多地区存在农村电商人才难招又留不住的问题。对于农村电商的从业人员来说,综合能力要求很高,除了具备一般电商平台的运营能力、信息技术外,还需要有熟练的农村电子商务的品牌推广运作和良好的营销技能。创新性人才、农村电商领域内领军人物的缺乏,制约着农村电商的良性发展。

当前,农村土地规模化背景下,诞生了新型职业农民。新型职业农民,是指具有科学文化素质、掌握现代农业生产技能、具备一定经营管理能力,以农业生产、经营或服务作为主要职业,以农业收入作为主要生活来源,居住在农村或集镇的农业从业人员。因此,基于农村电商缺乏人才的难题,可以利用培训来解决。将电子商务平台的建设技术、产品宣传技术、淘宝网店装修技术等进行培训,是解决农村电商难题的关键。

参考文献

[1]王存.电子商务在新农村建设中的应用[J].乡村科技,2019,(35):17-19.

[2]张燕.农村电子商务的现状及对策分析[J].农村经济与科技,2019,30(21):160-161.

[3]林洁,王平春.新媒体在农村电子商务中的应用现状及问题分析[J].中国商论,2020(19):40-41.

[4]陈健,林基恒,吕海燕.农村电子商务精准扶贫路径分析:以珠海市大沙社区为例[J].辽宁农业科学,2020(5):39-41.

[5]贾文艺.农村电商的发展现状和对策研究[J].轻工科技,2020,36(10):108-109+141.

[6]张毅.邮政服务农村电商保障制度[N].中国邮政报,2020-09-24(003).

[7]刘恒.农村电子商务标准化现状与需求分析[J].今日财富,2020(20):52-53.

[8]曹彦宁,贾晶雯,申鹏.河北省农村电子商务发展对策研究[J].山西农经,2020(17):55-56.

[9]张敏.脱贫攻坚背景下三门峡农村电子商务发展的思考[J].山西农经,2020(17):63-64.

[10]龚鹏,曹时艳.农村电商助推乡村经济发展实施路径研究:以农村网上赶集平台建设为例[J].山西农经,2020(17):67-68+78.

[11]苏森.洛阳市农村电商物流配送问题与对策研究[J].中国集体经济,2020(26):101-102.

[12]王冬屏.农村电子商务产业集群影响因素的层次分析[J].商业经济研究,2020(17):128-131.

[13]高倩,胡洋.乡村振兴背景下农村电商发展的瓶颈和建议[J].电子商务,2020(9):15+18.

[14] 邱春红. 电子商务专业"课程思政"的探索与实践：以《图形图像处理》课程为例[J]. 广东交通职业技术学院学报, 2020, 19(3): 78-81.

[15] 赖春秋.《图形图像处理》课程教学中渗透职业生涯教育研究[J]. 中外企业家, 2020 (20): 198-199.

[16] 孙聪妮. 电子商务《图形图像处理》课程教学改革模式研究[J]. 西部皮革, 2020, 42 (2): 147.

[17] 路婷, 邓红亮, 汪桃, 等. 图像处理系统的设计与实现[J]. 软件, 2020, 41(1): 74-78.

[18] 林广毅. 农村电商扶贫的作用机理及脱贫促进机制研究[D]. 北京：中国社会科学院 研究生院, 2016.

[19] 任鹏. 江苏省发展农村电子商务研究[D]. 南京：东南大学, 2015.

[20] 郭承龙. 农村电子商务模式探析：基于淘宝村的调研[J]. 经济体制改革, 2015(5): 110-115.

[21] 陈红川."互联网+"背景下现代农业发展路径研究[J]. 广东农业科学, 2015, 42 (16): 143-147.

[22] 骆巧巧. 新农村背景下的农村电子商务平台建设研究[D]. 南昌：江西财经大 学, 2013.

[23] 徐芳. 我国农村电子商务现状及其对策研究[D]. 南京：南京大学, 2012.

[24] 曹建平, 周维. 乡村振兴背景下农村电子商务发展存在问题及对策分析[J]. 山西农 经, 2019(23): 61-62.

[25] 李心茹, 陈金福, 曾旭, 等. 西部农村电子商务发展对策研究[J]. 产业与科技论坛, 2019(23): 18-19.

[26] 魏巍. 吉林省农村电子商务问题研究[J]. 中国商论, 2020(3): 29-30

第7章

图像处理技术助力农业保险承保理赔"精准化"

　　我国地域广大,地势复杂,季风气候明显,是世界上气象灾害频发的国家之一。影响我国主要气象灾害有 7 大类 20 余种,暴雨洪涝、干旱、热带气旋、冷害、冻害、寒害、暴雪、沙尘暴、大雾、冰雹、雷暴、龙卷风、大风、热浪、干热风、连阴雨等。每年气象灾害造成的损失占整个自然灾害损失的 70% 以上,造成的直接经济损失占国民生产总值的 3% ~6%。而与气象条件有关的水土流失、泥石流、滑坡、崩塌、沙漠化、地面沉降、森林和草原火灾及农、林、草原病虫害等生态环境灾害的间接经济损失更是无法统计。1952—2018 年我国气象灾害的主要特点是:种类多,发生频率高,影响范围广,持续时间长,群发性强,连锁反应显著,灾情严重等(图 7-1)。

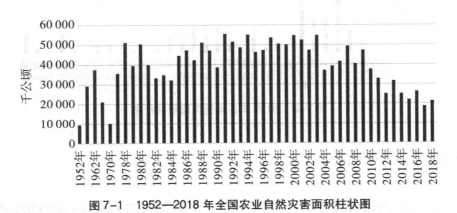

图 7-1　1952—2018 年全国农业自然灾害面积柱状图

　　根据《新中国农业年统计资料》《中国统计年鉴》《中国农业年鉴》《中国气象灾害年鉴》统计,1984 年以来,我国农业生产相关的数据资料比较全面,农业气象灾害的数据比较完整。1984—2018 年全国平均因灾造成农业受灾面积约为 426 705 km²,其中 1991 年全国农业气象灾害受灾面积最大,为 554 720 km²,2017 年农业气象灾害受灾面积最小,为 18 770 km²。1978 年、1982—1986 年、1988—1989 年、1991—2003 年、2007 年和

2009 年,这 22 年受灾面积高于全国平均值,1979—1984 年、1987 年、1990 年、2004—2006 年、2008 年和 2010—2013 年这 15 年受灾面积低于全国平均值。1952—2018 年农业播种面积因气象灾害造成损失的总面积(受灾面积)随时间变化过程如图 7-2 所示,全国农业气象受灾面积主要呈现在 400 000 km^2 上下波动的形式。大致可分三个时段进行分析:①在 1978—1984 年大致呈小幅波动下降趋势,1978 年最高,1984 年到达最低值。②在 1985—2005 年大致呈波动形式,总体趋势没有明显的上升或者下降,在此 19 年中,我国因气象造成农作物受灾的面积均处于 1978—2013 年。其中 1990 年是 19 年内的谷值,1991 年为峰值。③在 2004—2013 年中,我国因气象造成农作物受灾面积大致呈先上升后下降的趋势,峰值为 2007 年,谷值为 2012 年。并且从地区受灾情况来看,从 1978—2019 年中国总气象综合受灾指数分布来看,西北地区农户 2018 年黑龙江省及内蒙古自治区农业受灾面积高。自然灾害每年给中国造成 1 000 亿元以上的经济损失,受害人口 2 亿多人次,其中农民是最大的受害者,受灾农户因灾致贫、因灾返贫,直接威胁到国家的粮食安全和社会经济发展。以往救灾主要靠民政救济、中央财政的应急机制和社会捐助,农业保险无疑可使农民得到更多的补偿和保障。

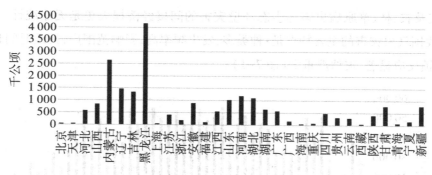

图 7-2　2018 年各地受灾面积柱状图

一、研究背景和意义

农业的发展是极其脆弱的,我国又是一个农业大国,诸多风险都在威胁其生产与发展。由于自然条件的不可控性,农业保险是减轻损失的有效方式,是承担农业损失的有力武器。因此,农业保险的健康发展是保证农产品供给、提高农产品竞争力、营造良好生态环境的有力保障,进一步推动我国农业的可持续发展。

农业保险作为分散农业生产经营风险的重要手段,对推进现代农业发展、促进乡村产业振兴、改进农村社会治理、保障农民收益等具有重要作用。中国作为农业大国,我们应认识到农业生产的稳定发展会使社会整体的各个阶层都受益。近年来,中央一号文件中多次提出要大力发展农业保险,为我国农业发展保驾护航。在党中央、国务院正确领导下,各地区、各有关部门积极推动农业保险发展,不断健全农业保险政策体系,取得了明显成效。根据《中共中央国务院关于深入推进农业供给侧结构性改革加快培育农业农村发展新动能的若干意见》(中发〔2017〕1号)精神,指出农业保险是农业生产发展的供给侧,要充分发挥农业保险供给侧结构性改革的作用,撬动和推进农业供给侧改革全局,这将对农业保险提出更高的要求。2019年5月29日,中央全面深化改革委员会第八次会议审议并原则同意《关于加快农业保险高质量发展的指导意见》,《意见》提出相关要求和发展方向。

二、我国农业保险发展现状与痛点

1. 发展成果

(1)农民参保意识强 "农业保险是转移和分散农业生产经营风险、保障农民收入稳定的重要金融工具,作为农业高质量发展的有力支撑。目前,我国政府高度重视农业保险的发展,从2004—2014年,11年间中央一号文件都涉及了农业保险的发展问题,从2006年起政府加大对农业保险的财政补贴,农业保险保费收入(图7-3)从2006—2013年依次为51.8亿元、110.7亿元、133.9亿元、135.7亿元、170亿元,240.1亿元和306.6亿元,分别是2006年未实行保费补贴政策时的6.12倍、13.09倍、15.83倍、16.04倍、20倍、28.2倍和38.9倍。自2008年,我国引入政策性保险在全国范围内推广,随着我国经济社会水平的提高、农业科技水平提升,金融普惠性特别是农村普惠金融的深入,我国农户的保险意识普遍提高,农户参保积极性、参保意愿亦普遍提高。从2008—2019年我国农业保险保费收入由110.68亿元增长到572.65亿元,其中由中央、省、市、县四层财政补贴支持农业保险的快速高效发展,据数据显示,自2008年国家农业农村部以及各省市县各级农业保险财政,针对农业保险保费补贴累计投入达2 475.59亿元,补贴比例平均达75%~80%。截至2018年,我国玉米、水稻、小麦三大口粮农作物承保覆盖率超过70%,农业保险深密和保险密度不断提高(图7-4),农业保险保障水平增长至23.21%,农业保险为2.13亿户次农户提供风险保障、支付赔款334亿元,4 737万户次贫困户和受灾农户受益。

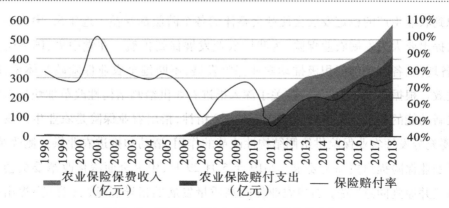

图7-3　1998—2018年中国农业保险费收入

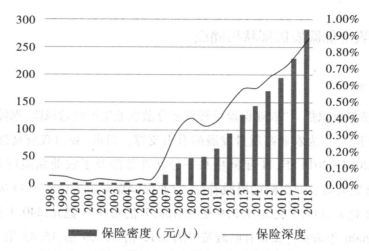

图7-4　1998—2018年由中国农业保险密度与保险深度

但是,在快速发展的同时,我们也要看到农业保险经营过程中存在的相关问题,尤其应该关注查勘定损方面的问题。可以说,如果没有科学准确的查勘定损技术的创新,农业保险的发展将会走到一个瓶颈。目前,就我国现有的农业制度和耕地实际情况而言,开展种植业农业保险最大的问题,就是承保时保险标的的确定和灾害发生时灾害的勘测及赔偿制度的确定两大问题,其中后者在笔者看来,更为主要。农业保险经营过程中信息不对称的问题,农民保险意识匮乏,存在严重道德风险的问题,都严重影响了农业保险查勘定损的效率和准确性,进而严重影响了农业保险的健康发展。

（2）农业保险公司不断探索新路径　在2019年出台的《农业保险高质量发展意见》（以下简称《意见》）中针对目前农业保险发展仍面临一些困难,与服务"三农"的实际需求相比仍有较大差距等问题。其中重点强调农业保险在勘察定损中存在的问题和挑战,要求保险机构要做到惠农政策、承保情况、理赔结果、服务标准、监管要求"五公开",做到定损到户、理赔到户,不惜赔、不拖赔,切实提高承保理赔效率,健全科学精准高效的查勘定损机制。根据市场调查报告,农业保险在产品设计、定价、承保理赔等环节粗放发展的问题日益凸显。尤其是在出险理赔过程中保险公司虽投入大量人力、物力,依然存在理培不规范、不及时,虚假理赔等问题。目前我国农业经营细碎化、分散化,随着政策性农业保险逐渐在国内普及,理赔的精确性和高效性备受社会各界的关注。由于农户"经济理性人"的特质、对于不盈利的投入会产生极大厌恶心理,若理赔不及时、不到位、不准确,无疑会降低农户参加农业保险的积极性,大大减弱农户对保险的信赖。同时保险公司面临周期短,分散量大的农业保险赔付,大力投入财力、物力、人力,依旧"吃力不讨好",大大降低保险公司开展农业保险业务的积极性。以上问题无疑会严重阻碍农业保险的发展和农业高质量发展。中国人民财产保险、安华农业保险等公司尝试将大数据分析、遥感、人工智能和区块链等技术应用于保险业务。保险科技的应用可以实现农业保险产品科学定价、精准承保、快速查勘定损和智能理赔,推动农业保险由粗放经营向精细化、智能化经营转变。理论上,保险科技的应用能降低逆向选择和道德风险的发生概率,控制保险公司经营管理成本,提高农业保险业务效率。近年来,各个农业保险公司在利用遥感技术实现"承保、验标、查勘、定损"上发展迅速,传统农业保险行业升级步伐加快,有效推动农业保险新旧动能转换,并呈现出良好的势头。

2. 发展痛点

由于农业风险具有可保性差、风险单位大、区域性明显和监督成本高等特点,加之目前我国细碎化、小规模、分散化等农业经营特点,导致在农业保险出险勘察定损过程中无法实现快速精确定损理赔,致使农业保险赔付不及时、不准确。不仅使农户对农业保险的满意度降低,还会因不能及时拿到赔款而影响农户下一轮农业种植;农业保险的技术难度大,需要更多的技术与资金投入。当农业灾害发生时,保险公司受业务开展能力和经营成本的限制往往无法实现快速、精准查勘定损,无法精准勘损也就无法实现精准理赔。以种植业保险为例,灾害通常大面积连片发生,一方面受灾区域内地块数量巨大,无法全面、快速、准确地进行查勘定损;另一方面保险公司无法准确辨别投保地块与未投保地块,这就为投保农户谎报灾情、虚报损失的骗保行为留下了空间。

在种植业保险实际经营过程中,当灾害发生时,保险公司一般通过以下几种方法核定损失:一是农业保险公司与基层政府、村委会直接谈判,协商确定统一的赔偿标准;二是通过抽样定损,根据抽样损失率确定平均损失率来核定损失;三是通过基层政府或者村委会逐户核定损失。这三种现行的定损方式存在着固有的缺陷:一方面,通过谈判协商或者抽样定损的方式确定的平均赔付标准无法避免基差风险;另一方面,无论是谈判协商、抽样定损还是基层核损,都无法避免谎报灾情、虚报损失、串换标的等道德风险事件的发生。因此,精准查勘定损是解决基差风险、避免骗保骗赔等道德风险的理想途径。但是在现实操作中,传统的农业保险要想实现精准勘损就意味着要付出巨大的人力、物力、财力成本。

(1)基层查勘定损协办人员短缺 由于农业保险自身的特点,保险事故发生在农村,所以在农村基层需要大量的核保人员,尤其在发生重大自然灾害的时候,同一地区都遭受灾害损失,但受灾程度不完全相同,对于不同的村县都需安排相关工作人员,针对不同农户的受损情况,进行核保理赔。由于农业保险受损需要在短时间内确定受损情况,不能延期或者推迟,进而需要进行大量工作,在一定时间内,导致人员缺少。保险公司由于自身的局限性,在多数农村都难以设立自己的办事机构,基本上采取委托农村基层工作人员或者乡村会计的方式,来处理核保问题。长期以来,核保人员待遇问题始终得不到彻底解决,参与核保的工作人员数量多、周期快以及转换率高等问题,保险公司无法准确计算成本,不想给予过多的费用支持,并且下基层农村的车费补贴、农村日常三餐的饭费补贴等实际问题一直没有落实。从而工作人员工作热情不高,核保不负责任,拖拉散漫的现象时有发生,加剧了核保纠纷的发生概率,不利于增强农民的投保信心,以至于在一定程度上挫伤农民的投保积极性,不利于农业保险在农村的推广。

(2)农业保险查勘核保技术落后 农业保险由于其自身的特点,导致在查勘定损方面会遇到很大的阻碍。首先,农业风险灾害具有突发性的特点,在短时间内就会造成巨大的破坏。需要保险工作人员在第一时间赶到现场,如实准确的核定损失情况。但是又由于保险事故多发生在田间,难以迅速到达,经常造成定损存在误差,引起争端。其次,农业风险灾害具有大面积性的特点,往往一个地区,同一时间,会遭受相类似的风险,这样就会有一个先后定损理赔的问题,造成不必要的损失。最后,目前农业保险中还没有相关设备能够快速准确地记录反应损失情况,只是依靠工作人员的主观判断,在与农户出现不同意见时,必然会引起双方的争议。

(3)农民道德风险问题比较突出,难以准确查勘核保 众所周知,保险的投保和理赔都是一个时间点,而保险期间却是一个时间段。由于农业保险主要工作重心在农村,而多数保险公司都没有在农村设立工作地点,保险工作人员只能在较近的县镇工作,不能对农户进行时时监督,基本都是在保险事故发生,接到保护索赔申请后,才出发对现场进行勘察,这就为保户骗保提供了时间可能,进而理赔过程可以说仅仅是对已经造假过的损失现场的定损理赔。保险公司不能时时对保险标的进行监控,农户就有了恶意投保的动机。以能繁母猪为例,农民饲养300头能繁母猪,可能仅仅对其中100头进行投保,如果出现母猪死亡的现象,无论死亡的母猪是否为保险标的,都向保险公司要求赔偿。这样大大加重了保险公司的理赔压力,提高了赔付率。

定损是理赔的前提,高质量、高效率、科学合理的保险理赔即关系国计民生。定损要根据灾害发生时保险标的所处生长阶段的实际价值计算,但此时农作物往往还未成熟,其价值难以测度。另外,动植物在生长期内受到损害后有一定的自我恢复能力,从而使农业保险的定损变得更为复杂,尤其是农作物保险,往往需要收获时二次定损。由于目前国内农业经营活动地域的广延性与分散性特点,农业损失测定技术的复杂性,导致农业保险理赔成本高、难度大,特别是在部分损失的情况下,目前尚无有效、精确测定的定损技术。农业保险的定损难度集中在部分损失上。同时农业保险在勘察、定损、理赔过程中具有很大的主观性,容易引发道德风险,也容易引起各种矛盾和纠纷。因此破解定损理赔难题是农业保险高质量发展的重中之重,信息赋能、数字赋能及科技赋能农业保险业务流程,提高定损理赔技术和创新产品势在必行。

三、遥感图像技术赋能农业保险

1. 技术原理

遥感是从地面到空间对地球、天体观测的综合性技术系统的总称,是通过遥感技术平台获取卫星数据,由遥感仪器进行信息接收、处理与分析工作。主要原理为通过卫星遥感及无人机航拍,将获取的影像数据导入电脑,利用航空影像拼接软件及地理信息处理软件对农作物的面积、种类、长势情况进行分析,获得相关数据。灾害发生后,通过卫星遥感及无人机航拍,再将获取的灾害影像导入电脑,利用航空影像拼接软件及地理信息处理软件对农作物的受灾面积、损失率进行分析计算;利用遥感技术监测农业灾情。不仅科学合理地配置查勘定损力量,核定损失,提高理赔效率和准确率,而且精确测定承保标的面积、数量、位置等信息,从宏观上了解灾害总体损失情况及空间分布,为承保风险管控提供了支撑,也解决了被保险人报损不准甚至严重夸大的问题。

其中图像处理技术主要服务应用于图像显示与输出:将用户查询的结果或是资料分析的结果以合适的形式输出是 GIS 问题求解过程的最后一道工序。输出形式通常有两种:在计算机屏幕上显示或通过绘图仪输出。对于一些对输出精度要求较高的应用领域,高质量的输出功能对 GIS 是必不可少的,这方面的技术主要包括资料校正、编辑、图形整饰、误差消除、坐标变换、出版印刷等。

2. 创新思路

破解农业保险出险后难以辨别承保地块与非承保地块难题的前提是要做好承保地块的投保信息处理。首先是通过卫星地图进行业务范围内的承保地块边界提取,在农民投保之后再将详细的投保人、投保农作物种类、投保面积、保单编号、地块四至、地块位置等投保信息标注在卫星地图上形成"农业保险一张图",使投保标的信息与投保地块一一对应,这样就可以做到前期按图承保,灾害发生时按图理赔。当大范围的农业灾害发生后,可以通过遥感技术获取实时的受灾区域卫星图像,再通过卫星遥感图像解译处理进行农作物识别、受灾范围勾画、受灾程度分析等工作,获取高精度大范围的灾害发生情况。卫星遥感技术主要应用在大范围灾害发生时进行大尺度的灾害查勘定损任务,通常卫星一幅标准景覆盖范围可以达到 500 ~ 1 000 平方千米,图像分辨率可以达到 5 米精度。针对受灾害影响的重点区域或者影响范围较小的灾害发生时,可以利用无人机遥感技术进行中尺度的查勘定损工作,农业查勘无人机一天就可以完成 1 500 ~ 2 000 亩的核保核损工作。将卫星和无人机获取的农作物受灾信息与"农业保险一张图"中标注的投保信息进行比对,可以准确识别出哪些投保地块遭受灾害,损失程度如何等。依靠卫星遥感技术和无人机技术构建的精准勘损体系,极大地简化了勘损程序,提高了勘损效率,提升了勘损精度,同时兼顾快速、便捷的特点,基本可以解决因无法精准勘损而导致的基差风险问题和骗保、骗赔等部分事后道德风险,实现农业保险从粗放理赔向快速精准理赔的转变。

遥感技术在农业保险核损理赔过程中的应用步骤:

(1)获取无人机影像。

(2)所述软件对有重叠度的无人机遥感序列影像进行快速拼接,调用无人机影像快拼软件,无人机飞行结束后获得具有一定重叠度的无人机遥感序列影像,根据序列影像的重叠区域进行快速拼接,获得一幅包含农户全体地块的整幅影像。

(3)所述影像数据加载模块加载拼接后的完整倒伏影像,所述多边形绘制模块用于根据所述完整倒伏影像绘制边缘,所述边缘清除模块清除绘制的边缘与所述完整倒伏影像不吻合的线条,所述裁剪模块将清除边缘后的倒伏影像依据预设农户地块标准进行剪裁,所述影像数据存储模块将剪裁后的倒伏影像进行储存。

(4)所述灾情识别模块对剪裁后得到的权利地块区域影像进行识别,识别出权利地块区域内的水稻倒伏区域,将所述剪裁后的倒伏影像传给灾情识别模块;所述灾情识别模块自动识别水稻倒伏的受灾区域,根据送入影像的大小进行分块,分为固定大小的子块,分别把每一个子块送入卷积神经网络模型中对水稻倒伏区域进行识别预测,规定预测结果中的第一像素区域代表倒伏区域,规定第二像素区域代表其他区域,并生成水稻受灾图;将上一步保存的农户权利地块影像传给灾情识别模块,功能模块根据送入影像的大小进行分块,分为固定大小的子块,分别把每一个子块送入卷积神经网络模型中对水稻倒伏区域进行识别预测,预测结果像素(255,0,0)红色区域代表倒伏区域,像素(0,

0,0)黑色区域代表其他区域;全部子块预测完毕后,采用叠加策略避免子块拼接过程中产生缝隙。

（5）所述灾情统计模块将筛选后的受灾影像与农户进行匹配,并将受灾影像与倒伏影像比对,统计受灾比例;根据受灾影像边缘区域的像素值自动去除影像中存留的黑色边缘后统计受灾面积比例;根据步骤四获得的水稻受灾图,自动统计水稻受灾面积比例;根据步骤三和步骤四中截取的农户权利地块影像和水稻受灾影像,由于截取的影像可能存在不规则形状,保存的是以多边形的外接矩形,边缘处存在多余的黑边,统计时,根据影像边缘区域的像素值,自动去除影像中存留的黑色边缘,统计受灾面积比例。

（6）所述确认单输出模块根据农户信息与受灾影像匹配,进而输出受灾评估定损报告;根据步骤五确定的水稻受灾比例自动输出水稻受灾情况报告;根据受灾影像、灾情统计文件和用户输入的其他信息,自动生成包含农户信息、受灾面积、受灾影像的统计报告,其流程如图7-5所示。

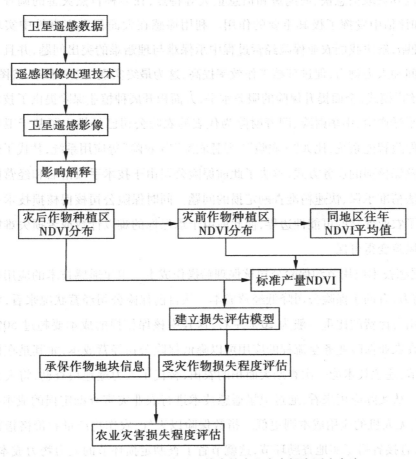

图 7-5　基于遥感图像处理技术的农业灾害损失测度方法

3. 卫星遥感在农业保险领域应用成效

目前遥感灾害监测已经比较成熟地应用在干旱、洪涝、冻害等农业气象灾害的监测中。在这一点上，NOAA/AVHRR 遥感影像具有独特的优势。NOAA/AVHRR 卫星资源具有时间分辨率高、费用低廉的特征优势，尽管其空间分辨率较低，但在我国现阶段的国情国力基础下，作为灾害监测的遥感数据，不失为首选遥感信息源。

（1）遥感技术促使保险公司核保、核损及理赔流程精准化、高效化　遥感技术主要应用在农业保险查勘定损环节，一方面通过受灾区域样本点采集，及时纠正由于踩点不准确造成的损失评估结果偏差的问题；另一方面，从宏观上体现灾害的总体损失情况及空间分布，解决了以往因信息不对称而造成的报损不准确的问题。卫星遥感进一步提高了查勘定损精准性、高效性和全面性，通过与传统查勘定损方式相结合，能够达到精确定损、整体可控。主要应用模式是通过遥感技术获取大尺度的灾害预警与查勘定损分析。遥感技术以其获取信息快、周期短和信息量大等特点，在多种自然灾害的调查、监测、预警、决策和评估中发挥了极其重要的作用。利用遥感在大面积灾害事件中实现快速定损、快速理赔，解决我国农业保险经营过程中承保难与理赔难的突出问题，并且大大节省了查勘时间和人力物力，促进理赔工作效率提高，这为最终实现"按图承保，按图理赔"的"高速+集约"模式，全面提升保险的服务水平，大面积开展种植业保险提供了技术支持和保障。太平洋产险、中华财险、国寿财险为代表的农险公司已经推出了基于卫星遥感技术的农业保险智能系统，比如"e 农险""智慧农险""i 农险"等应用系统，替代了传统农业保险人工核保核损的业务方式，解决了此前保险公司由于技术手段落后和经营能力不足造成的无法精准承保、快速精准查勘定损的问题。同时保险公司核保核损技术手段的升级还拓宽了农业保险的可能性边界，使此前由于承保标的难以计数或者损失难以计量的不可保的风险变得可保。

（2）遥感技术应用节约保险公司核保理赔操作成本　卫星遥感技术的应用代替一部分人力、物力，有助于保险公司降低经营成本。从目前保险公司经营状况来看，农业保险的经营费用占保费的比重一般为 20% 左右，这其中核保核损的成本要超过 50%。通过保险科技在农业保险业务全流程的应用可以降低保险公司经营成本，尤其是在核保和勘损理赔环节，遥感技术能一次查勘大面积的农田，替代了人力逐地块查勘，将大大地节省人力成本。从实际应用来看，通过卫星遥感技术进行农业灾害查勘定损的成本在 0.2 ~ 0.3 元/亩，无人机的应用成本则更低。指数保险以天气、农作物产量和价格指数等作为理赔依据，直接省略了实地查勘环节，这就节省了查勘定损环节的人力物力成本，将极大地降低保险公司的经营成本。

（3）遥感技术大大提升农业保险业务的运行效率和效果　在传统农业保险中，保险产品业务各个环节都存在精准程度不高的情况。在种植险中，主粮农作物的费率为全省统一，缺少细致的风险区划。勘察定损时，业务人员也很难精细到逐地块勘查定损，大多是对一个大区域进行粗略估计。在养殖险中，对死亡牲畜的核查一般是以耳标作为依据，业务人员没有能力通过牲畜的外貌辨认个体。这就存在养殖场户串换耳标的情况。保险科技以农业风险区划为基础实现差异化保险费率，促进农业保险科学定价，使农业保险通过产品创新和科学定价从根源上解决逆向选择问题。在承保环节，智能识别技术、区块链等保险科技的应用解决了不足额投保、串换耳标等问题，避免了谎报、骗保等保险欺诈行为，降低了保险公司的经营损失。在勘损理赔环节，依靠 GPS、RS、GIS 等空间信息技术构建多尺度查勘定损体系，通过快速精准查勘定损，解决基差风险和部分事后道德风险。

四、应用成效

1. 旱灾

（1）我国干旱灾害概况　世界气象组织的统计数据表明，气象灾害约占自然灾害的70%，而干旱灾害又占气象灾害的 50% 左右。干旱灾害几乎遍布世界各地，并频繁地发生于各个历史时期。全球有 120 多个国家和地区每年遭受不同程度干旱灾害威胁，据测算，每年因干旱造成的全球经济损失高达 60 亿～80 亿美元，远远超过了其他气象灾害。我国的旱涝分布格局呈现北方易遭旱灾、南方旱涝并发的特征，大范围的干旱灾害频繁发生，我国平均每年有 667 万～2 667 万 hm^2 农田因旱受灾，最高达 4 000 万 hm^2，每年减产粮食数千万吨。遇到大旱之年，我国粮食减产大约有一半以上来自旱灾，干旱灾害严重地威胁着我国粮食安全和生态安全，成为制约社会经济可持续发展的重要因素。

近年来，我国干旱灾害呈现出发生频率高、持续时间长、影响范围广的特点，如图7-6、图 7-7 所示，1951—1990 年 40 年间出现重大干旱事件 8 年次，发生频率为 20.0%；1991—2000 年 10 年间出现重大干旱事件 5 年次，发生频率为 50.0%；而 2001—2012 年12 年间出现重大干旱事件 8 年次，发生频率达到 66.7%。干旱灾害发生的区域不断扩展，值得注意的是，近年来在我国北方干旱形势严峻的情况下，南方干旱出现明显的增多和加重趋势。1951—1990 年出现重大干旱事件 8 年次中南方出现干旱的只有 3 年，占总事件数的 37.5%；1991—2000 年出现重大干旱事件 5 年次中南方出现干旱就有 3 年，占总事件数的 60%；2001—2012 年 12 年间出现重大干旱事件 8 年次中南方均出现干旱，占总事件数的100%。

（2）我国农业干旱灾害风险定损存在的问题

1）目前我国国内的农业干旱灾害风险评估主要是以大尺度研究为主，农业保险对于农业干旱灾害勘察定损多采用天气指数及抽样勘验方法，对次区域及其区域内不同尺度干旱灾害风险勘验不精确、不到位，同时在农业保险的风险评估中，缺乏适用于某种农作物的针对性风险评估和定损勘验。造成保险机构对于干旱灾害风险勘察定损中，数据获取、风险表达和结果精度的不充分。

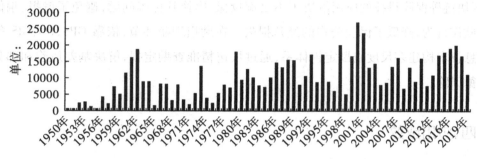

图7-6 1950-2019年全国干旱情况统计（成灾面积）

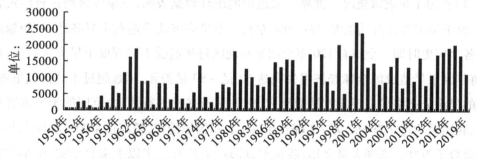

图7-7 1950—2019年全国旱灾情况统计（粮食损失）

2）现行的干旱灾害风险评估多是静态的评估。干旱风险并非静态不变，它会随时间及空间的变化而呈现出差异，干旱风险评估的发展应是随时空变化而不断变化的动态过程。当前的干旱灾害风险研究大多集中在风险的不确定性、危害性和复杂性等静态特性上，正确认识干旱灾害风险的时空动态特性有着重要现实意义，将有助于制定不同地域和时域的灾害风险管理措施。

（3）遥感图像技术在农业干旱灾害风险定损中的应用

【案例1】东北地区某农场验标承保案例

2017年，太平洋产险承担东北某农垦农场玉米、水稻和大豆三品种40多万亩农作物的保险服务工作。按照政府要求,承保公司必须在苗齐两周内完成全部地块的验标承保工作。传统模式下,保险公司自有人力无法在规定时间内做到对所有地块的逐一精确验标,且承保地块数据无法做到对理赔的有效支撑,真实性、完整性无法保证,给虚增标的、虚假承保留下了空间。太平洋产险使用 e 农险验标助手精准验标,农场场主足不出户,在工作人员协助下直接在当期卫星遥感图上圈划地块 912 个,勾画面积 45.5 万亩,核保工作人员现场抽样拍摄查验照片 284 张。通过"e 农险"系统获取的整套精确验标承保资料包含地块四至信息、验标照片 GPS 位置、单个地块长宽、验标时间地点等承保信息和防伪信息等,与公司核心业务系统后台实时直联,保证了验标的真实性、材料的全面性,并且整个工作只用了三人三天。

【案例2】河北 11 个地市玉米旱灾及时精准定损理赔

2015 年夏季,河北 11 个地市玉米旱灾造成重大减产。中华财险利用遥感监测,综合利用无人机、手持终端设备等手段,实现快速定损。最终确定受灾面积约 206 万亩,赔款金额 4 亿元,受益农户 57.5 万户。中华财险农险部常务副总经理韩涛介绍,该公司在种植业保险上已实现遥感评估常态化。比如,在冬小麦主承保区开展长势监测和产量预估,在马铃薯和大蒜主承保区开展种植面积监测统计,为承保展业提供数据支撑,及时启动春季大面积森林火灾损失监测,快速统计损失面积,指导决策和经营。使用无人机近地查勘遥感技术,能在天上解决大面积监测问题,不过也存在一定短板,有可能碰到天气不好,或天气好但卫星不在所需监测地方。为此,保险公司研发了保险查勘的无人机,以便快速获得灾害的一手资料。韩涛称,农险中的无人机查验日益便捷,特别是最近两年,无人机在多地森林火灾、烟叶水灾、蔬菜雹灾、马铃薯查验、暴雨涝灾、果树验险验标等农险实务中得到应用,提供了大量有价值的灾害定量评估结果。据了解,与普通人几千块就能买到的拍照无人机不同,保险查勘无人机对图片、图像的要求是专业级别的,且需要在重点查勘区域设计严密的飞行路线、精准定位,飞行结束后需要快速回收数据,且配有数据处理和分析系统。原始数据是照片,但是经过专业化软件的算法处理以后就是定量化的决策信息。简单说,就是每个田块里面有没有灾害发生、发生的范围是多少、程度多大,都要清晰地判断出来。

【案例3】2018 年河南省冬小麦旱灾遥感监测

2018 年 5 月份河南省冬小麦受干旱天气影响,承保区小麦产量大量减产,保险河南分公司在保险核损理赔中采取了卫星遥感技术,通过卫星数据收集,利用图像处理技术,综合 2018 年 10 月至 2019 年 5 月遥感图像处理得到的光谱影像及气象数据,综合小麦减产的各种影响因素,综合农作物专家意见。经保险公司及专家意见和承保区农业负责人一致研究讨论,承保区内小麦种植期间相对周围区域晚、耕地不规范、施肥灌溉管理不善以及缺乏人为的有效科学管理,这是造成承保区小麦大量减产的主要原因,因此此次保险核损理赔中,农业遥感技术发挥了巨大作用,实现精准、公平、快速理赔。基于遥感技术的承保区与对比区灾害监测图,如图 7-8 所示。

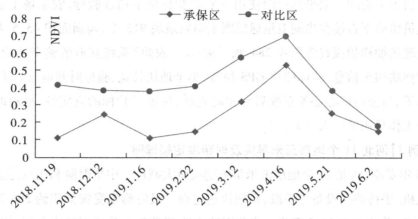

图 7-8　基于遥感技术的承保区与对比区灾害监测图

2. 雨涝灾害

(1)我国雨涝灾害概况　我国幅员辽阔,横跨亚热带季风气候、温带季风及温带大陆性三大气候区,气候多变且不稳定,雨季与旱季交替分明。全国自 5 月份东南地区梅雨季一路北上,到 8、9 月的北方暴雨期,全国普遍性大规模降雨,每年总有一些地区遭受暴雨洪涝灾害。巨大的洪涝灾害往往是流域性的,影响面积大,受灾和死亡人口多,经济损失大,常波及城乡和工农业生产乃至断绝交通、恶化生态环境导致疾病流行。全国每年受灾面积往往相当大,据 1950—2019 年(1967—1969 年资料除外)的中国数据统计,全国平均每年受涝面积为 814 万公顷,其中成灾面积 48 万公顷。同时,每年差异也较大,最少受涝面积为 251 万公顷(1966 年),最多为 1 613 万公顷(1954 年),平均成灾率为 5%,最大成灾率达 759%(1956 年)。平均每年因灾损失粮食约 100 万千克,直接经济损失约 100 亿~200 亿元。从 1989—1993 年的情况来看,受涝面积和受灾程度均有所上升,平均每年受涝面积 1 471 万公顷(其中成灾 784 万公顷,绝收 191 万公顷),死亡 3 495 人,直接经济损失 400 亿~500 亿元。大涝年份损失更为严重,例如 1991 年,我国许多省市发生洪涝,其中江淮和太湖流域的暴雨洪涝灾害为百年罕见,全国受涝农田面积 2 495 万公顷,其中成灾 1 461 万公顷绝收 321 万公顷,死亡 503 人,直接经济损失达 79 亿元。受自然灾害影响最直接最显著的部门是农业经济部门,暴雨灾害直接造成农作物被淹没或冲毁,影响农作物产量甚至导致颗粒无收,对农业生产、农户经营带来巨大无法避免的负影响。1950—2019 年,全国因洪涝灾害带来的严重的农业经济损失,其中从区域上看,我国暴雨灾害有明显的地域特征,在东南部地区易出现,集中分布在黄淮海流域、华北、华南和江南等地区为暴雨、台风灾害的多发地。农作物受暴雨台风灾害影响较大的主要集中在长江中下游和华北地区。西北地区除外,暴雨台风灾害都呈现出减少的趋势,但是在2004—2012年期间,我国华北地区的受灾人口却呈现出增长的趋势,其他地区均为减少的趋势,这和区域的特性有明显的关系,如图7-9、图7-10所示。

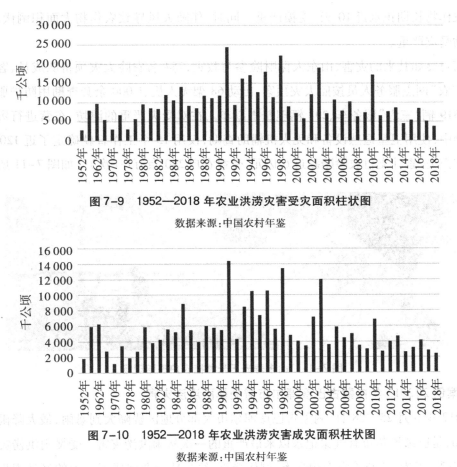

图7-9　1952—2018年农业洪涝灾害受灾面积柱状图

数据来源:中国农村年鉴

图7-10　1952—2018年农业洪涝灾害成灾面积柱状图

数据来源:中国农村年鉴

(2)遥感图像技术在农业洪涝灾害风险定损中的应用　遥感技术很早就用于洪水的监测工作,水利部遥感中心早在1983年就曾利用陆地卫星MSS图像监测了位于三江平原的挠力河的洪水,后来又采用NOAA/AVHRR、机载SAR、航空彩虹外摄影等技术手段监测洪水。现阶段洪涝灾害遥感监测技术已经成熟,可利用NOAA/AVHRR卫星资料,从典型的地物波谱特征出发,建立洪涝水体的判别函数,提取洪水淹没面积,淹没历时,结合数字地形模型可得出淹没水深;利用遥感影像评估淹没的耕地(水田、旱地)、居民建筑用地等的损失,评估绝收面积。这样大大提高了洪涝评估的客观性、非主确性和时效性。为及时出险理赔提供了科学公平的依据。

（3）国内外利用遥感图像洪涝定损案例

【案例1】2019 年山东省遭受"利奇马"台风暴雨灾害

2019 年 8 月 10~15 日，山东省全境遭受"利奇马"台风影响，局部地区降雨量高达 400~800 mm，降雨积水无法及时排出，导致全省多地农田遭遇水淹，玉米、水稻、棉花等秋粮农作物长期积水近 10 天，受损严重。同时，伴随大风导致农作物大面积倒伏，全省农作物受灾严重。

面对突如其来的灾害，山东人保财险参与救灾，754 名农险大灾预备队成员、客服人员、"三农"网点服务人员按照大灾预案，出动 68 架无人机、1 000 余套查勘用防护服和测亩仪、319 辆"三农"服务车、291 辆理赔查勘车。在对受灾严重的潍坊、东营进行灾害损失测绘中，使用卫星遥感设备和无人机辅助查勘，仅用 15 个工作日就确定了近 120 万亩的涝灾损失，累计支付农险赔款近 6 亿元，受益农户 240 余万户（次）。如图 7-11 所示。

图 7-11　山东寿光玉米种植农户理赔现场

【案例2】2012 年内蒙古巴彦淖尔市遭受暴雨洪涝灾害

2012 年 6 月 25~28 日，内蒙古巴彦淖尔市大部分地区普降大到暴雨，最大降雨量达 171 mm，是巴彦淖尔市有气象记录以来最严重的一次暴雨洪涝灾害。受暴雨洪涝灾害的影响，小麦、玉米、葵花等农作物受淹、倒伏严重，给当地农业造成了巨大的经济损失。中国人保财险通过综合考虑当地受灾情况和查勘人员及设备情况，采用了"天空地"一体化的方式对受灾地区农作物的受损情况进行评估，探索和实践基于遥感技术的"按图理赔"新模式。通过综合运用无人机航空遥感、卫星遥感和地面调查相结合的"天空地"一体化的评估方法，首先获得了基于低分辨率卫星遥感的快速灾情评估结果，并以此指导无人机遥感面抽样和地面调查点抽样，进而精确评估了不同水淹历时的农作物面积，为按图理赔提供支持。

3. 台风(热带风暴)灾害

(1)我国台风灾害数据统计　台风带来的灾害包括暴雨、狂风、巨浪、高潮、洪水以及山洪、泥石流、滑坡、城市内涝等次生灾害,这些灾害会对人民生活及安全带来严重威胁,尤其是对农业生产造成巨大损失。本文基于热带气象局发布的热带气旋资料(1990—2018)及自然资源部发布的《海洋灾害公报》(2000—2018)资料,对影响我国的台风特征及风暴潮灾害进行分析研究。结果显示:1990—2018年间登陆我国的台风不仅次数多,强度大,而且登陆的频率和强度都在增加,这对我国沿海地区的威胁进一步加剧。登陆我国的台风季节性特征明显,主要集中在7~9月;登陆地点遍布中国沿海地区,主要集中在浙江及其以南部沿海省市。受台风风暴潮灾害影响,南部沿海地区受损严重,尤其是广东、福建、海南和浙江等。相关统计表明,2006—2015年间所有地区台风灾害带来的经济损失约为550亿美元,其损失量超过了洪水、地震等其他自然灾害。例如:2005年在墨西哥湾登陆的"卡特里娜"历时7天,给途经的4个洲带来了约344亿美元的经济损失,120万人成为灾民,死亡人数达1 200多人。2018年的1822号超强台风"山竹",从9月7日20时至18日17时,对我国多个省份地区造成影响,受影响人数接近300万,损毁建筑房屋约1 200间,农作物受灾地区约174.4 khm^2,直接经济损失超过52亿元。如图7-12至图7-14所示。

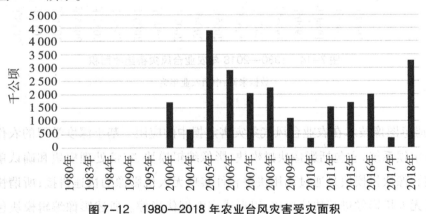

图7-12　1980—2018年农业台风灾害受灾面积

数据来源:中国农业年鉴

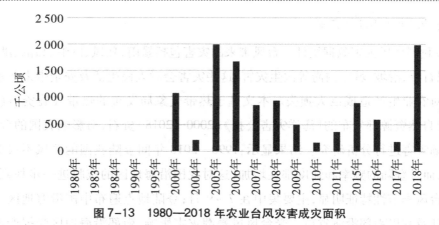

图7-13　1980—2018年农业台风灾害成灾面积

数据来源：中国农业年鉴

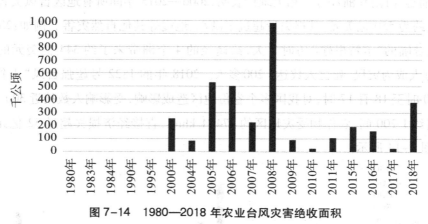

图7-14　1980—2018年农业台风灾害绝收面积

数据来源：中国农业年鉴

（2）遥感图像技术在农业台风气象灾害定损中的应用　基于深度学习的农作物倒伏智能评估定损系统，它包括影像快拼模块、影像编辑模块、灾情处理模块和确认单输出模块。所述影像快拼模块是通过调用快拼软件实现无人机影像的快速拼接；所谓快拼软件是用于对无人机影像进行快速拼接，以形成完整倒伏影像。所述影像编辑模块包括影像数据加载模块、多边形绘制模块、边缘清除模块、裁剪模块和影像数据存储模块，可以实现农户地块的精确划定。所谓影像数据加载模块用于加载拼接后的完整倒伏影像；所述多边形绘制模块用于根据农户信息在拼接后的倒伏影像上绘制权利地块边界；所谓边缘清除模块用于清除绘制的权利地块边界以外的图像；所谓裁剪模块用于将清除边缘后的倒伏影像依据预设农户地块标准进行剪裁；所谓影像数据存储模块用于将剪裁后的倒伏影像进行储存。所谓灾情处理模块包括灾情识别模块和灾情统计模块，所述灾情识别模块用于对剪裁后得到的权利地块区域影像进行识别，根据预设灾情阈值筛选受灾影像，识别出权利地块区域内的水稻倒伏区域;所述灾情统计模块用于根据灾情识别的受灾影像与原始影像比对,统计受灾比例。所述确认单输出模块用于根据农户信息与受灾影像匹配,进而输出受灾评估定损报告。

(3)国内外利用遥感图像台风气象灾害的农业保险定损理赔案例

【案例1】2018年山东玉米遭受台风"温比亚"气象灾害

2018年8月16日台风"温比亚"在浙江省舟山海域登陆,台风带来了强降雨。由于强降雨,山东省菏泽市单县受到了洪涝灾害,部分玉米受灾害影响,出现黄叶、干枯及倒伏等现象,如图7-15所示。为了挽回损失,当地保险公司迅速启动了理赔勘察工作,到各乡镇调查玉米受灾情况。同时,为了能够快速定损赔偿,采用卫星遥感技术对此次灾情进行监测,并结合现场采样数据进行灾害分级。对遥感影像进行辐射校正、大气校正、几何校正以及镶嵌、裁剪等预处理工作,结合玉米的光谱特征、物候特征、纹理特征和几何特征,利用受灾前后影像数据和地面调查数据,基于专家知识进行分析,识别出玉米的种植分布,结合气象数据分析出玉米的受灾分布和受灾面积。结合行政村矢量边界数据,获取每一个镇玉米受灾状况和受灾面积。山东省菏泽市单县遭遇涝灾,玉米等农作物大面积受灾,通过卫星技术手段获取了玉米非绝产和绝产面积,并利用遥感图像处理技术形成玉米受灾分布光谱图。

图7-15 山东玉米受"温比亚"台风灾害倒伏现场

【案例2】2012年海南遭受"纳沙"台风

海南2005年遭受"达维"台风,受害率为34.7%。2012年"纳沙"台风,橡胶林损失近2亿元。2011年5月16~22日,中国人保财险选取风灾严重的万宁市东兴农场为试点,开展了国内保险业第一次大面积的林业调查工作,针对橡胶林共计获取了0.1m分辨率的航拍图像250平方千米。2011年10月17~22日,选取受"纳沙"台风影响严重的海南省澄迈县红光农场为试点,针对橡胶林开展灾后无人机航拍工作,共计获取了0.1m分辨率的航拍图像 277.5 平方千米,并第一次将其用于林业定损工作。在进行灾前和灾后遥感调查获取遥感影像的基础上,探索按图承保、按图理赔和基于网格的承保标的价值动态评估的农业保险新模式。

4.风暴灾(雹灾、大风、龙卷风)

(1)我国风暴灾害数据统计 冰雹灾害在我国时有发生,冰雹直径为 5 ~ 50 mm,极易毁坏农作物,突然降落会打伤人或者牲畜,甚至也会对建筑物、车辆造成损坏。冰雹是直接危害严重的灾害,一般会将农作物砸坏、砸死,直径较大的冰雹会给正在开花、结果的果树、玉米、蔬菜等农作物造成毁灭性的破坏,造成粮田的颗粒无收,直接影响到对城市的季节供应,常年使丰收在望的农作物在顷刻之间化为乌有,同时还可毁坏居民房屋。同时伴随的大风能够刮倒农作物,造成大面积农作物减产,特别是像中国北方小麦产区,如果在灌浆期遇到风雹灾害,将造成大片倒伏,而小麦一旦倒伏,就将导致灌浆过程减缓或终止,从而严重降低产量。据 2005 年 4 月份国家减灾中心的灾情月报统计,仅因风雹带来的农业损失就达数亿元。

总体上看,1978—2019 年风暴灾害受灾率和成灾率较为同步。在 1978—2003 年,风雹灾害的受灾率和成灾率基本没有明显的上升和下降趋势,但在 1994—2000 年中出现了几年较为集中和持续的较小值。在 2003—2013 年中,风雹灾害受灾率和成灾率均呈下降趋势并且下降程度在 2009 年后有所减小。如图 7-16 至图 7-18 所示。

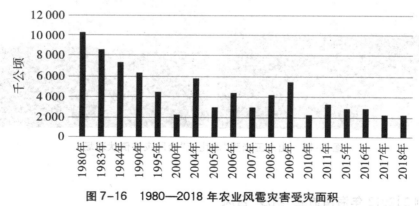

图 7-16 1980—2018 年农业风雹灾害受灾面积

数据来源:中国农业年鉴

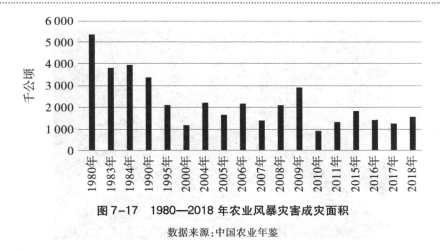

图 7-17　1980—2018 年农业风暴灾害成灾面积

数据来源：中国农业年鉴

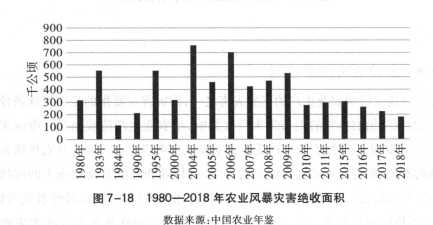

图 7-18　1980—2018 年农业风暴灾害绝收面积

数据来源：中国农业年鉴

（2）国内外利用遥感图像风暴灾（雹灾、大风、龙卷风）气象灾害的农业保险定损理赔案例

2020 年山东诸城玉米雹灾

鸟蛋般大小的冰雹从天而降，山东诸城市两县村的杜桂峰、周家哨子村的巩太学等农户种植的玉米全被砸倒在地里。雹灾过后，潍坊人保财险立即派员与诸城市农业农村局专家一起赶赴报案受灾现场，紧急编程调动卫星，运用无人机、卫星遥感等高科技勘测手段对受损田地进行综合查勘，最终 3 天核定玉米全部受损。如图 7-19 所示。

图 7-19　山东诸城玉米冰雹灾害受灾现场

5.低温冷害、寒露风、冻害、雪害

低温冷害也是影响农业生产的气象灾害之一,该灾害主要指的是在气候条件较冷的情况下,气温骤降给农作物的生长带来巨大影响,给农业生产造成损失。冷冻灾害属于低温冷害的范畴,也是导致农业生产受损的主要气象灾害之一。无论是农作物种植业还是畜牧业的发展,都需要正常气候温度的支持,种植业和畜牧业受到冻害的侵扰时会导致农作物和牲畜的死亡。并且冻害发生一般具有很强的规律性、地域性及突发性,冻害在中、高纬度地区发生较多。北美中西部大平原、东欧、中欧是冬小麦冻害主要发生地区。中国受冻害影响最大的是北方冬小麦区北部,主要有准噶尔盆地南缘的北疆冻害区,甘肃东部、陕西北部和山西中部的黄土高原冻害区,山西北部、燕山山区和辽宁南部一带的冻害区,北京、天津、河北和山东北部的华北平原冻害区。在长江流域和华南地区,冻害发生的次数虽少,但丘陵山地对南下冷空气的阻滞作用,常使冷空气堆积,导致较长时间气温偏低,并伴有降雪、冻雨天气,使麦类、油菜、蚕豆、豌豆、柑橘等受严重冻害。低温冻害的受灾率和成灾率变化也较为同步,峰值谷值出现的时间基本相同。如图7-20 至图 7-22 所示。

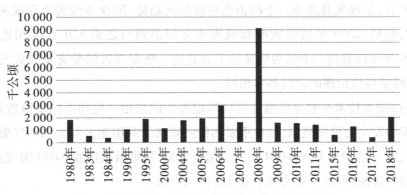

图 7-20　1980—2018 年农业冷冻灾害成灾面积

数据来源:中国农业年鉴

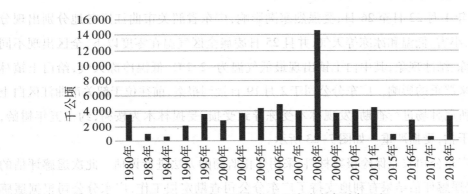

图 7-21　1980—2015 年农业冷冻灾害受灾面积

数据来源:中国农业年鉴

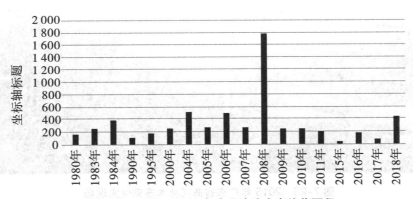

图 7-22　1980—2018 年农业冷冻灾害绝收面积

总体上看,呈现先升高至一个峰值然后降低的趋势,2009 年受灾率和成灾率都出现了一个极大的值,2009 年后受灾率和成灾率又回落到与之前大小程度相近的值。在 1978—2009 年可以看到一个较为明显的上升趋势。低温冻害的受灾率和成灾率变化也较为同步,峰值谷值出现的时间基本相同。

(1)遥感图像技术在农业低温冻害风险定损中的应用 应用遥感手段监测冻害,迅速估计灾害的发生与受灾范围,具有重要的经济意义。利用冻害发生期间气象台站的资料和同期气象卫星 NOAA/AVHRR 的所有晴空数据,根据植被指数 NDVI 突变的特征,结合农作物的生育期,提出了实用的小麦冻害监测方法。

(2)国内外利用遥感图像技术冻灾定损案例

【案例 1】广东省曲江区林木冻灾

2016 年 1 月 22 日至 26 日,受强烈寒潮影响,广东省韶关市曲江区各地分别出现分散雨夹雪、小雪、低温和冰冻等天气,并且 25 日凌晨全区气温在零度以下,全区出现不同程度的霜冻、结冰现象,其中白土镇出现最低气温为 −2.2℃。低温冷冻天气,给白土镇林业生产带来严重的影响。广东分公司于 2 月 19 日接到报案,前往位于韶关市曲江区白土镇温海辉所属林场进行查勘,发现林木受冻导致受损,受损林木为桉树,约三五年树龄,林木整株干枯,受损严重。如图 7-23 所示。

根据广东公司农业保险报案材料,采用变化监测的方法进行评估。此次遥感评估的亮点,一是遥感评估结果有利地支持了广东分公司查勘定损工作,广东分公司根据遥感评估结果,与客户积极沟通,客户认同遥感评估结果;二是通过本次遥感评估实践,解决了承保区域空间定位的技术难点。

图 7-23 2016 年广东省曲江林木冻灾受灾现场

【案例 2】2020 年山东潍坊冬小麦遭受冻害

2020 年 4 月 5 日凌晨,山东潍坊诸城市石桥子镇,气温突然降为零度,持续约 5 个小时,冬小麦产生冻害,对产量影响比较大。如图 7-24 所示。

图 7-24　2020 年山东潍坊冬小麦低温冻害现场照片

【案例 3】2020 年河北张家口蔚县杏遭受低温冻害

2020 年 4 月 22～24 日,河北张家口蔚县三天连续遭受低温冻灾,整个县的杏受到严重的损失。如图 7-25 所示。

图 7-25　2020 年河北蔚县杏受冻灾损失现场照片

6.病虫害

(1)我国病虫灾害概况　近年来,我国农作物病虫害呈多发、频发态势,重大农作物病虫害时有发生,其具有潜伏性、隐蔽性、分布广泛性以及复杂性的特点。据不完全统计,我国当今蔬菜害虫的种类至少有 200 种以上,比较重要的有 30～40 种,其中十字花科蔬菜害虫主要有小菜蛾、甜菜蛾、蚜虫、黄曲条跳甲、菜青虫,它们大都集中在叶片或心叶上,有些还传播细菌、病毒病;葫芦科(瓜类)蔬菜害虫有黄守瓜、瓜实蝇、蓟马、瓜蚜、美洲斑潜蝇、白粉虱;豆科蔬菜害虫有豆荚螟、豆野螟、豆蚜、银纹夜蛾、叶螨、棉铃虫、美洲斑潜蝇、白粉虱;茄科蔬菜害虫有茶黄螨、棉铃虫、烟青虫,美洲斑潜蝇、白粉虱、蓟马;百合科蔬菜害虫有葱蝇(蛆)、葱蓟马、韭蛆、甜菜蛾等。此外,地下害虫中的蝼蛄、地老虎、蛴螬及地蛆均可危害多种蔬菜。在温室及保护地栽培上则以红蜘蛛及温室白粉虱危害最重,严重影响我国农林行业健康发展,造成巨大的经济损失。

据统计,全国农作物病虫草鼠害年发生面积在 4.603 5 亿 ~ 5.075 3 亿/(hm²),平均4.805 1 亿/(hm²),比 1996—2005 年 10 年平均值增加 20.82%,为全国耕地面积的 3.55倍。为控制病虫危害,从 2007 年开始,全国每年防治面积超过 5.333 3 亿 khm²,最高的2012 年达到 6.050 4 亿 khm²,10 年平均 5.612 9 亿 khm²,为全国耕地面积的 4.16 倍,即每年每一块耕地上至少实施防治 4 次以上。每年因病虫危害造成的损失(防治后挽回损失和实际损失之和)一般在 1.4 亿吨左右,高的年份超过 1.3 亿吨。另外,比较 1980 年以来的全国病虫草鼠害发生危害情况,可见病虫害上升趋势十分明显,近 10 年的发生面积和防治面积更是 1980—1989 年年均值的 2 倍和 3.93 倍,近几年上升趋势虽有减缓,但仍维持在高位状态,而且监测防治困难重重。比如病虫抗药性愈发严重,野生天敌越来越少,病虫害多面积大,等等,如图 7-26 所示。目前大部分农林行业并不能根治所有有害生物,并且在进行绿色防治方案推广时各方受限,不能做到农作物全面覆盖。

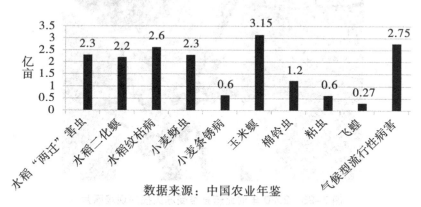

数据来源:中国农业年鉴

图 7-26　2018 年全国农作物重大虫害分布图

数据来源:中国农业年鉴

1)从全国受灾区域分布看:稻飞虱在华南、江南、长江中下游和西南部分稻区偏重发生。水稻二化螟在大部分稻区呈明显回升趋势,总体偏重发生,其中江南和长江中游大部分稻区偏重、部分稻区大发生,华南北部、西南北部和江淮稻区中等发生。水稻纹枯病总体偏重发生,其中南方稻区大部为偏重发生,长江中游局部大发生,东北大部和西南南部中等发生。小麦蚜虫总体偏重发生,其中山东、河北大发生,黄淮、华北的其他麦区、西南麦区的四川和西北麦区的宁夏偏重发生,长江中下游、西南、西北的其他大部麦区中等发生。小麦条锈病总体偏重发生,其中湖北、河南南部、陕西南部及关中西部、甘肃南部及陇中山区晚熟麦区、四川沿江河流域、新疆伊犁河谷地区偏重发生,黄淮、西南、西北的其他麦区中等发生,华北大部偏轻发生。玉米螟总体偏重发生,其中,一代玉米螟发生1.25亿亩,东北北部、新疆伊犁地区偏重发生,东北南部和西南地区中等。棉铃虫总体偏重发生,其中,二代至四代在北方玉米、花生、大豆、向日葵等多种农作物田偏重发生,在西北和华北部分区域加重危害态势,东北、华北、西北、黄淮局部可达偏重程度。飞蝗总体中等发生,其中,东亚飞蝗总体中等发生,沿黄滩区、环渤海湾、华北湖库的局部蝗区可能会出现高密度蝗蝻点片。西藏飞蝗在四川、西藏大部常发区中等发生,金沙江、雅砻江、雅鲁藏布江等河谷地区局部偏重发生;亚洲飞蝗在新疆北部和西南部地区偏轻发生,吉林北部、黑龙江西南部苇塘湿地可能发生高密度群居型蝗蝻点片;小麦赤霉病偏重流行风险高,其中安徽和江苏沿淮及其以南、湖北江汉平原等麦区大流行风险高,长江中下游其他麦区和黄淮南部麦区有偏重流行的风险,黄淮北部、华北南部、西南和西北部分麦区有中等流行的可能。玉米大斑病在东北、华北、西南大部为中等发生,局部高感品种将偏重发生。马铃薯晚疫病总体中等发生,西南东部、东北北部、华北北部和西北东部偏重流行风险高。

2)五大粮食农作物受灾状况:水稻、小麦、玉米、大豆和马铃薯被认为是我国的五大粮食农作物,从1950—2019年病虫危害造成损失的统计结果看,水稻、小麦、玉米占绝大部分,其中,水稻最多,小麦次之,玉米第三。通过防治挽回损失比例,水稻、小麦、玉米、大豆和马铃薯分别占55.18%、21.29%、18.97%、1.88%和2.68%,实际造成的损失的比例,则分别占33.67%、23.31%、35.13%、2.11%和5.79%。可见,大豆和马铃薯相对比例较小,尤其是大豆,由于近年来种植面积下降,其造成损失的比例也在持续下降。统计结果同时表明,近10年来,尽管水稻种植面积呈上升趋势,但病虫害造成的损失明显下降,表明其病虫害的发生危害总体得到有效治理,具有比较明显的减轻趋势;小麦病虫害造成的损失年度间变化较大,其中,防治挽回的损失上升,实际造成的损失略增;玉米病虫害造成的损失在逐年上升,尤其是玉米种植面积近10年增加600多万km^2,2015年达到0.3812亿km^2,比2006年比增加30%以上。由于大面积单一种植,病虫害危害加重趋势明显,2015年病虫害造成的危害比2006年增加90%以上,差不多翻了一番,而且在水稻、小麦、玉米三大粮食农作物中,玉米病虫害实际造成的损失在2010年超过水稻后,差距在逐年扩大;玉米病虫害实际造成的损失也已超过水稻,达到了35.13%。

（2）国内外利用遥感图像病虫灾害定损案例

广西玉林州陆川县水稻勘损理赔案例

2017 年 10 月至 11 月，在广西玉林州陆川县等地区发生水稻稻颈瘟等病害，粮食大面积减产。在接到大量投保人在线报案之后，太平洋产险公司立即应用卫星遥感技术对陆川县全境进行查勘定损，如图 7-27 所示。

图 7-27　2017 年广西玉林陆川县水稻稻颈瘟灾害受灾现场

太平洋产险公司通过对卫星遥感数据的解译处理，通过卫星遥感获取的数据分析可知陆川县境内水稻种植面积 34 400 公顷，有 5 917.3 公顷水稻受灾，其中 1 305.8 公顷为太平洋产险承保地块。太平洋产险利用卫星遥感技术在一周内就完成对灾区全部水稻和公司承保地区水稻发病面积、发病比例的精准到户到地块的量化评估。一个月内完成从接报案到完成全部赔款支付在一个月内完成，创造了大面积病虫害灾害理赔处理服务的新模式和新速度。

卫星遥感数据大范围、经济性及周期性的优势在农业保险定损评估中发挥积极的作用，可以客观有效的监测承保地块种植农作物生长发育期内的耕种情况、生长情况和受灾情况，定损结果可以为保险公司的理赔提供参考依据。卫星遥感作为"农业保险+科技"的一个重要手段，是切实符合农业保险高质量发展的，同时也是农业保险发展的历史必然选择。

本章的目的是从我国农业保险发展现状、存在问题、遥感及图像处理技术在保险业中的应用案例，并结合保险产品特性分析遥感在不同灾害保险理赔中的适用性。在基于理赔的传统保险中采用遥感技术的情况并不广泛，主要是在有财政补贴的农业保险中应用,行业价值增长并不显著。在基于指数的新型保险中,由于遥感技术消除了定损的业务流程,显著地增加了行业价值,因此遥感在基于指数的新型保险中应用潜力更大。但遥感技术在保险业中的应用仍然受数据连续性、数据质量、空间分辨率、基差风险等问题的困扰。在分析遥感在保险业务中的适用性基础上,提出促进遥感应用于保险业的政策建议:一是加大政府引导,完善卫星遥感数据共享、遥感应用国家标准、市场准入等政策法规,发挥市场配置资源的决定性作用,通过国际合作、部门协同、社会参与等方式,推进遥感技术在保险行业的商业化发展;二是通过设置专项奖励、资金补贴等方式,鼓励保险企业科技创新,探索和开发适用遥感技术的指数类保险产品,丰富农业风险管理工具,提高农业风险保障水平;三是为满足保险业对遥感数据质量的要求,应考虑多类型遥感传感器的协同与立体化多方位观测。考虑到当前地球观测数据的空间分辨率还难以支持以遥感数据为基础的保险产品供给,应辅助无人机遥感、车载移动平台、地面固定平台等新技术,获取高质量、连续性的数据,降低基差风险,以提高创新类保险的参保率。鉴于中国保险业和遥感科技的快速发展,有关遥感技术在保险业中的应用还需要吸引更多的专家和有识之士投入其中,期望保险公司、保险学者、遥感数据供应商、气象学专家之间加大合作,努力探索遥感技术在保险产业中的发展新思路。

参考文献

[1]张兵.当代遥感科技发展的现状与未来展望[J].中国科学院院刊,2017,32(7):774-784.

[2]郭清,何飞.空间信息技术在农业保险中的应用研究[J].地理信息世界,2014,21(1):79-84.

[3]蒙继华,付伟,徐晋,等.遥感在种植业保险估损中的应用[J].遥感技术与应用,2017,32(2):238-246.

[4]李懿珈,叶涛,德庆卓嘎,等.基于遥感植被指数的西藏那曲地区畜牧业旱灾指数保险产品设计研究[J].农业现代化研究,2018,39(4):680-688.

[5]王林,秦其明,左春,等.3S技术在财产保险防洪救灾中的应用[J].自然灾害学报,2004(6):76-82.

[6]王丽涛,王世新,乔德军,等.火险等级评估方法与应用分析[J].地球信息科学,2008(5):578-585.

[7]代建林,袁勇民,丁连军,等.卫星遥感技术在IDI保险风控中的应用研究[J].上海保险,2018(3):28-31.

[8]张团圆,杨秀萍.美国农业保险监管实践及其对我国的启示:基于反农作物保险欺诈、浪费与滥用的视角[J].山东社会科学,2017(9):126-131.

[9]HAMMER,MICHAEL.Reengineering Work:Don't Automate,Obliterate[J].Harvard Business Review,1990,68(4):104-112.

第七章

图像处理技术助力农业科技应用"普及化"

图像处理技术在农业中的应用可以达到农产品一条龙服务,从农作物的播种、生长监测、病虫害识别、田间除草、农产品的销售及农业保险等,这些技术都可以称为农业科技。另外,运用图像处理技术与多种传播方式进行农业科技普及,它兼有传播农业技术及传播农业文化的功能,在传播过程中其载体也呈现了多样化的现象。可谓"小图像,大媒体",在农业科技普及中将发挥出巨大的能量。然而,对于农业科技在农村的应用与普及突出问题是人才,在互联网、新媒体时代,如何利用互联网,利用新媒体手段将农业科技深入"三农",是解决人才匮乏的重要手段。

一、图像处理技术在农业科普中的作用

科学普及简称"科普",是指借助各种传播媒介,采用浅显易懂、易于接受和参与的方式,让公众接受自然科学和社会科学知识的活动。同时,科学普及又是一种社会教育,通过科学普及可以推广科学技术的应用、倡导科学方法、传播科学思想、弘扬科学精神,有效促进整个社会的科学知识水平。

科学普及特点要求科普工作必须运用社会化、群众化和经常化的科普方式,将科学文化知识源源不断地向社会公众渗透,图像绘画以其简单、易懂的优势成为最受青睐的科普方式之一。早在中国古代农耕社会,农业是古代国家维系社会稳定的根基,历代帝王都重视农业,为详细真实了解国家农业发展,出现了用图像绘画形式传播农业技术的景象。其中,为大众所知的描绘农民耕作与蚕织全过程的系列图谱——《耕织图》,就是南宋绍兴年间画家楼璹首创地采用图像方式,翔实地、体系化地记录了中国古代忙碌而美丽的农业景象。《耕织图》既是一本古代科学农业普及宣传图谱,也是"世界首部农业科普画册"。它通俗易懂,形象生动,并"图文"相配,有效地推广了农业生产知识和技能。

自《耕织图》问世以后,各版本的耕织图层出不穷。在我国农业技术传播过程中,通过采用图文并茂、通俗易懂的图像绘图形式进行农业科学知识普及,对于推动农业科学

知识与技能的科学化、通俗化、趣味化、识别化及准确化发挥着重要作用。

在现代社会,广大农民依然是农业科普的受益者,相对大城市,我国农村金融、商业、工业、文化、教育、卫生事业的发展水平及农民文化程度普遍较低。随着科学技术的发展,农业现代化越来越重要,农民对于农业科技信息的需求呈现多样性和复杂化,对农业科学知识传播提出更高的要求和标准。

农业科技信息的有效普及最重要的是要有针对性的有效沟通,并贴近农民。因此,农业科技普及需要考虑:①要注意信息来源的可信度,这是农业科技有效准确传播的关键;②要注重运用不同的传播方式来获得有效性,相比纯粹枯燥的语言文字,图形图像的视觉效果更胜一筹。综上所述,农业科技传播需要紧紧围绕农民——特殊受众群体,普及农业科学技术及农业知识时,运用图像方式进行科普内容的传播,要真正为农民所想、急农民所急,在促使农业科技发展,达到理想的传播效果。

二、解决农村科技人才短缺问题路径思考

当前互联网无限发达,新媒体技术和形式都十分成熟,这些为解决农村科技人才短缺问题创造了平台和解决途径。当前农村规模化经营已成为土地主流经营模式,种田大户、家庭农场、农民专业合作社等各类新型经营主体不断涌现,各类新型职业农民队伍不断壮大,在这种新形势下,农业科技的普及具有战略意义。新型职业农民也需要先对传统农民的文化水平和综合素质进行培养提升,这样才能奠定农业科技在农村的普及基础。即便是文盲,在新媒体背景下,图像、声音、视频等新型媒介,便于农民的理解和接受,因此对于解决农村科技人才短缺问题,可以从"培养+引进"的模式来得到解决。

1. 普及"互联网+"农业科技

利用互联网加速农业科技推广是互联网时代、信息社会发展的必然要求。"互联网+"农业科技推广与普及区域性专业化信息平台,是利用计算机、网络、通信、遥感等技术,通过手机、电脑、数字化电视等终端,向受众传播适合湖南的农业专业知识,打破传统的农业科学技术推广受传播主体、时空和受众的限制,可以实现无限量的知识扩充与传播。比如,疫情期间教育部号召全国高校"停课不停学"的号召,促使在线直播、线上课程以飞跃式速度发展,鉴于当前各种在线课程无限丰富的背景下,农民完全可以到中国大学生慕课网(https://www.icourse163.org/)搜索"农业""病虫害"等关键词会弹出非常丰富的教学资源。

在中国大学生慕课网搜索到的农业方面的资源都是农业专家、学者的研究成果,新

型职业农民,可以利用手机、电脑登录网站尽情观看,虽然说是"大学生慕课网",农民只要能够搜索到网站,都可以免费学习,国家建设大学生慕课网的初衷就是将课程的辐射作用发挥到极致,希望更多的人受益。通过慕课网可以很好地给农民进行理论知识层面的培训,而且不受时空限制、不用差旅劳顿,最重要的是免费。很符合农民的需求,农民对于在线教程中的理论讲解,可以到田地进行试验,通过试验把农业技术掌握牢固。

随着5G互联网时代的到来,5G将催生各种各样的移动智能终端,5G技术的超高速率(峰值传输速率达到10 Gbit/ s)、低延时(端到端时延达到ms级)、超大容量,能够准时、定点推送正确的数据、信息和知识,为可视化、VR、无人机、农机智能化、AI研发应用等研究提供了强大的网络支持,"5G+VR+AR"将更多地应用于视频、直播、教育、医疗等,5G将进一步为农业科技推广与普及实现实时智能信息服务。

2.建立定向服务科技团

政府层面要为每个县、市组建相对稳定的专家团队,并搭建农业服务平台,专家团队定向服务于所辖县、市的农业科技难题,制作、审核、推送专业的农业技术和科普知识,开展远程技术服务,在线答疑服务,提高平台建设质量和利用效率,为乡村振兴和农业现代化提供智慧支持。

3.农业高校定单培养职业农民

土地规模经营背景下,职业农民将成为一种新的职业,职业农民需要具备各种现代化专业知识和综合素养,有文化、懂技术、善经营、会管理,因此农业高校应该开设职业农民专业,定向培养职业农民大学生,学生在高校受到3~4年正规的教育,毕业后可以回到定向农村就业,那么这些职业农民将会在技术、经营、管理等方面具有很强的优势,会在农产品的质量、产量、智慧化、绿色化等方面凸显出绝对的优势,为农业高质量发展形成良性循环。

4.继续加大大学生村干部的培养与支持力度

目前人工智能、物联网、机器人等技术的成熟,使得很多进城打工的农民工找不到合适的就业岗位,所以相当一部分进城打工的农民工会走向"返乡"路。返乡后的农民靠什么生活?继续要回土地进行小户经营吗?这显然不符合当前土地规模化经营的趋势。当前美丽乡村、乡村振兴背景下,农村旅游、农家乐、农村养殖业、农村淘宝、招商引资等已在广大农村形成规模,也是农民收入的重要来源。但是这些行业都需要有好的带头人、引路人、领导者。从电视剧《最美的乡村》《月是故乡明》《花繁叶茂》等中都可以看到大学生组成的领导干部队伍对农民找到致富之路的重要性。因此,继续加大和培养大学生村干部对当前农村发展具有重要的战略意义。

图像处理技术在农业中的重要性已经得到广泛的关注,图像处理技术在农业上的应用也是农业科技范畴,随着大数据、人工智能、5G 时代的到来,图像处理技术与农业将会有更广阔的发展天地。然而,由于农村缺乏图像处理的科技人才、缺乏配套硬件设施、缺乏资金支持等因素,农业科技普及受到了阻碍和限制。但随着美丽乡村建设、乡村振兴建设不断深入,智慧化、智能化农业的不断推进,会有越来越多的农业科技人才扎根农村,助力我国农业高质量发展。

三、图像处理工具——Photoshop

1. Photoshop 基础概念

Photoshop 是一款功能强大、应用广泛、操作方便、易于掌握的图像处理软件。它的一个最出色的优点是适合于不同文化层次的人学习。近年来随着"互联网+"农业、智慧农业、数字农业、绿色农业的发展,图像处理技术在农业中有了广泛的应用,随着图像技术的不断成熟升级,Photoshop 软件在图像处理技术中占据着重要的位置,对农业的影响力越来越广泛深远,在开发农产品电商网站、网店美工、农产品宣传、农作物管理等方面给予了强有力的支持。为此本节旨在引导读者对 PhotoshopCC 有一个完整、全面的认识,介绍了图像的基础知识、各种文件格式与图像色彩模式等方面的知识,Photoshop CC 的工作界面和文件的基本操作。

(1)矢量图和位图 常见的计算机图像大致可分为两种类型:即图形(矢量图)和图像(位图),两者之间各有自己的优缺点,正确认识与对待,有利于实际应用中创建、编辑图形与图像。如图 8-1 所示。

位图   矢量图

图 8-1 位图与矢量图的特点

1）矢量图：矢量图是由经过精确定义的线段和曲线组成的，这些线段和曲线成为向量。其中，每一个对象都是独立的个体，都有各自的色彩、形状、尺寸和位置坐标等属性。在矢量编辑软件中，可以任意改变每个对象的属性，而不会影响到其他的对象，也不会降低图像的品质。

矢量图的优点是矢量图与像素和分辨率无关，也就是说，可以将矢量图缩放到任意尺寸，可以按任意分辨率打印，不会丢失细节或降低清晰度。矢量图文件容量小，便于保存和传播。

矢量图的缺点是不易制作色调丰富或色彩变化太多的图像，所以绘制出来的图形不是很逼真，无法像照片一样精确地描写自然界的景物，同时也不易在不同的软件之间交换文件。

制作矢量图的软件有：Macromeida Freehand，AdobeIllustrator，CorelDraw 和 AutoCAD 等；美工插图与工程绘图多半使用向量式软件操作，Photoshop 也具备一定的矢量绘图功能。

2）位图：位图即图像，它是由颜色不同的一个个像素组成的，因此又称为像素图或点阵图。位图质量与分辨率有关，单位面积像素越多，分辨率越高，图像效果就越好，位图的优点是色彩和色调变化丰富，可以比较逼真地反映自然界的景物，同时也容易在不同软件之间交换文件，因此是制作商业招贴画、海报和灯箱广告的主要格式。位图的缺点也很明显，在放大缩小或者旋转处理后会产生失真，同时图像容量较大，需占用较大的内存空间，计算机的处理速度也相对较慢。

常见的位图处理软件有：AdobePhotoshop，Painter，ACDsee，Fireworks 等。

在 Photoshop 中，像素是组成位图图像的最基本单元，它是一个个矩形颜色块。我们可以从一幅放大后的位图上清楚地看到像素的存在，如图 8-2 所示。

图8-2　像素点

3）像素：像素是位图的最小单位，所以像素的大小是固定的，那么一个位图的大小就决定于组成它的像素的多少。单位长度的像素数越多，所包含的信息量就越大，图像就越清晰，文件所占地空间也越大。另外，像素的多少也往往用来测量土地面积、农作物叶面积。

4）分辨率：分辨率是指每英寸图像内有多少个像素点，分辨率的单位为 PPI（Pixels Per Inch）即像素/英寸，例如分辨率为 72PPI 图像表示该图像每英寸含有 72 像素。作为网站、网页上的图片，分辨率设为 72PPI 即可，如果是用于打印输出的图像、照片，需要将分辨率设置为 300PPI 以上。

（2）常见的图像保存类型　Photoshop 支持 20 多种图像格式，可以支持多种设备、多种软件获取的图像，兼容性好，方便用户使用。

1）BMP：位图格式，该格式最典型的应用程序就是 Windows 的画图，BMP 文件几乎不压缩，占用磁盘空间较大，它的颜色存储格式有 1 位、4 位、8 位及 24 位，该格式是当今应用比较广泛的一种格式，因该格式文件比较大，只能应用在单机上，不受网络欢迎。

2）JPEG：位图格式，是一个最有效、最基本的有损压缩格式，被极大多数的图形处理软件所支持，广泛用于 Web。可以用不同的压缩比例对这种文件进行压缩，其压缩技术十分先进，在视觉感受上影响不大，因此可以用最少的磁盘空间得到较好的图像质量。如果对图像质量要求不高，但又要存储大量图片，使用 JPEG 无疑是一个好办法。我们日常用各种相机拍摄的图片格式通常为 JPEG 格式，JPEG 简称 JPG。

3）GIF：分为静态 GIF 和动画 GIF 两种，支持透明背景图像，适用于多种操作系统，"体型"很小，网上很多小动画都是 GIF 格式。其实 GIF 是将多幅图像保存为一个图像文件，从而形成动画，所以归根到底 GIF 仍然是图片文件格式。这个动画功能很有用，在电商网站进行农产品销售，可以采用 GIF 动画，吸引购买者的眼球。

4）PSD：位图格式，Photoshop 中自建的标准文件格式就是 PSD 格式，在该软件所支持的各种格式中，PSD 格式存取速度比其他格式快很多，功能也很强大。由于 Photoshop 软件被越来越广泛地使用着，所以这个格式也逐步流行起来。PSD 格式是 Photoshop 的专用格式，里面可以存放图层、通道和蒙版等多种图片信息。

5）TIFF：TIFF 位图格式，是 Aldus 在 Mac 初期开发的，目的是使扫描图像标准化。它是跨越 Mac 与 PC 平台最广泛的图像打印格式。TIFF 格式具有图形格式复杂、存储信息多的特点。常用于印刷。3DS、3DS MAX 中的大量贴图就是 TIFF 格式的。TIFF 最大色深为 32bit，可采用 LZW 无损压缩方案存储，大大减少了图像体积。TIFF 格式最令人激动的功能是可以保存通道，这对于处理图像是非常有用的。

6）PNG：矢量图格式，一种新兴的网络图形格式，结合了 GIF 和 JPEG 的优点，具有存储形式丰富的特点。PNG 最大色深为 48bit,可采用无损压缩方案存储。著名的 Macromedia 公司的 Fireworks 默认的格式就是 PNG。PNG 是专门为 Web 创造的,和 GIF 格式不同的是,PNG 格式并不局限于 256 色。

2. 色彩学基础

色彩是一种重要的视觉信息。它无时无刻不影响着人们的正常生活、学习,了解色彩学的基本知识,掌握一些实用的色彩理论,可以对农产品照片进行调色、颜色校正,更有利于农产品销售。

(1)色彩的三要素　色彩三要素是指色相、饱和度(纯度)和亮度。人眼看到的任一彩色光都是这三个特性的综合效果,其中色调与光波的波长有直接关系,亮度和饱和度与光波的幅度有关。色彩的基础属性由色相、饱和度和亮度三个基本属性构成。

1)色相:即各种色彩的外貌特征,比如红色、绿色、蓝色等,用于区分各种不同色彩的名称。它是色彩最主要的特征,因而也是区分色彩的主要依据。

2)饱和度:饱和度也成为纯度,指的是色彩的鲜艳或纯净程度,色彩越鲜艳则饱和度越高,越浑浊则饱和度越低。饱和度取决于色彩波长的单一程度,可见光谱中的各种单色光纯度最高。当一种色彩加入黑、白、灰及其他色彩时,纯度就会降低。

3)亮度:主要用来辨别色彩的明暗程度。色彩亮度可以从两个方面分析:一是各种色相之间的亮度会有所差别,在相同饱和度下,黄色亮度最高,蓝色最低,红色和绿色居中间;一是同一色相下因光量强弱而产生亮度变化,在非彩色中,白色亮度最高,黑色亮度最低,灰色居中。

在 Photoshop 中,如果需要调节图像的色相、饱和度和亮度,可以选择菜单,"图像"—"调整"—"色相/饱和度"命令(快捷键为"Ctrl+U")来实现。

为了更好地表述色彩概念,需要把色彩的三要素按一定的秩序联系起来,构建一个完整的色彩表述体系。

(2)颜色模式　颜色的实质是一种光波,颜色模式,是将某种颜色表现为数字形式的模型,或者说是一种记录图像颜色的方式。颜色模式分为:RGB 模式、CMYK 模式、HSB 模式、Lab 颜色模式、位图模式、灰度模式、索引颜色模式、双色调模式和多通道模式。

1)RGB 色彩模式:是工业界的一种颜色标准,是通过对红(R)、绿(G)、蓝(B)三个颜色通道的变化以及它们相互之间的叠加来得到自然界各种颜色。它是目前运用最广的颜色系统之一,其显示器大都是采用了 RGB 颜色标准,RGB 图像只使用三种颜色,就可以使它们按照不同的比例混合,在屏幕上重现 16 777 216(256^3)种颜色。

2)CMYK 模式:也称作印刷色彩模式,是一种依靠反光的色彩模式,和 RGB 类似,C、

M、Y 是 3 种印刷油墨名称的首字母,K 是 BLACK 最后一个字母。它和 RGB 相比有一个很大的不同:RGB 模式是一种发光的色彩模式,CMYK 是一种依靠反光的色彩模式。

只要在屏幕上显示的图像,就是 RGB 模式表现的。只要是在印刷品上看到的图像,就是 CMYK 模式表现的,如期刊、杂志、报纸、宣传画等,都是印刷出来的。

3)Lab 模式:是一种基于人对颜色的感觉的颜色系统,它是由一个亮度 L 和有关色彩的 a 分量(从绿色到红色)、b 分量(从黄色到蓝色)三个要素组成的。该颜色模式与设备无关,无论使用何种设备,都能生成一致的颜色。该模式具有最宽的色域,它的色域可以包含 RGB 模式和 CMYK 模式中的所有颜色。因此,Lab 颜色模式是 Photoshop 在不同颜色模式之间转换时使用的中间颜色模式。

4)灰度模式:使用黑色调表示物体,即以黑色为基准色,不同的饱和度的黑色来显示灰度图像。每个灰度图像都具有从 0%(白色)到 100%(黑色)的亮度值。使用黑白或灰度扫描仪生成的图像通常以灰度显示。

使用灰度模式可以将彩色图像转换为高质量的黑白图稿。将灰度图像转换为 RGB 时,每个对象的颜色值代表对象之前的灰度值。自然界中的大部分物体平均灰度为 18%。在物体的边缘呈现灰度的不连续性,图像分割就是基于这个原理。

5)HSB 模式:在 HSB 模式中,H 表示色相,S 表示饱和度,B 表示亮度。HSB 模式对应的媒介是人眼,HSB 模式中 S 和 B 呈现的数值越高,饱和度和亮度就越高,页面色彩强烈艳丽,对视觉刺激是迅速的、醒目的效果,但不易于长时间观看。H 显示的度是代表在色轮表里某个角度所呈现的色相状态,相对于 S 和 B 来说,意义不大。

6)索引颜色模式:索引颜色模式是网上和动画中常用的图像模式,该模式最多能使用 256 种颜色。当其他颜色模式的图像转换为索引颜色时,Photoshop 将构建一个颜色查找表,用以存放并索引图像中的颜色,如果原图像中的某种颜色没有出现在该表中,则程序将选取最接近的一种,或使用仿色用现有颜色来模拟该颜色。索引颜色通过限制颜色调色板,可减少文件大小并保存足够的视觉品质。

(3)颜色模式的转换 为了能在不同的场合正确输出图像,有时需要把图像从一种模式转换到另一种模式。在 Photoshop 中,可以执行"图像"—"模式"命令,来实现颜色模式之间的转换。这种颜色模式的转换有时会永久性地改变图像中的颜色值。例如,将 RGB 模式图像转换为 CMYK 模式时,CMYK 色域之外的 RGB 颜色值被调整到 CMYK 色域之内,从而缩小了颜色范围。

1)将彩色模式转换为灰度模式的图像:将各种彩色图像转换为灰度模式时,Photoshop 会扔掉原图中所以的颜色信息,而只保留像素的灰度级。灰度模式可作为位图模式和彩色模式间相互转换的中间模式。

2）将其他模式图像转换为索引颜色模式：将彩色图像转换为索引颜色时，会删除图像中的很多颜色，而仅保留其中的 256 种颜色，只有灰度模式和 RGB 模式的图像可以转换为索引颜色模式。将 RGB 模式的图像转换为索引颜色模式后，文件的大小将明显减小，同时图像的视觉品质也将有所损失。

3）将 RGB 模式的图像转换为 CMYK 模式：如果将 RGB 模式的图像转换为 CMYK 模式，由于两者的色域不同，图像中的颜色必然有所损失。如果图像是 RGB 模式的，最好先在 RGB 模式下编辑，然后再转换成 CMYK 图像。

4）利用 Lab 模式进行模式转换：在 Photoshop 所能使用的颜色模式中，Lab 模式的色域最宽，包括 RGB 和 CMYK 色域中的所以颜色。因此在使用 Lab 模式进行转换时不会造成任何颜色上的损失。Photoshop 便是以 Lab 模式作为内部转换模式来完成不同颜色模式之间的转换。

3. PhotoshopCC 的工作界面

Photoshop CC 的工作，界面大致可分为菜单栏、工具箱、工具属性栏、图像窗口、面板、状态栏六个部分。

1）菜单栏：Photoshop CC 将所有命令分类后，分别放在 10 个菜单中，它们是文件、编辑、图像、图层、类型、选择、滤镜、视图、窗口、帮助。

2）工具箱：位于整个窗口的左侧，共有 22 个用于图像加工（或处理的工具和工具组），它们都以按钮的形式列在其中，在每个工具组中又包含了多种工具，所有工具箱里的工具共计七十多种。

3）工具属性栏：位于菜单栏的下方，该控制栏显示了当前所选工具的相关信息，会随着用户所选工具的变化而变化。另外，同一种工具，如果所设置的属性栏的信息不同，那么所显示的效果也不一样。

4）图像窗口：这是进行工作的主要区域，用于显示正在处理的图像的内容，左上方是图像窗口的名称栏，在这里可以对图像窗口进行多种操作。

5）面板：位于窗口的右侧，用于图像及其应用工具的属性显示与参数设置等，帮助监控和修改图像。是 Photoshop 非常重要的组成部分。

6）状态栏：位于窗口的最下方，显示了当前图像窗口的显示比例、文件的大小等信息。

4. PhotoshopCC 的基本操作

正确安装 Photoshop CC 后，单击 Windows 桌面任务栏上的"开始"按钮，在弹出的"开始"菜单中旋转"所有程序→AdobePhotoshop CC"命令，即可启动该软件。

5.文件的管理

启动软件后,在窗口中,除了显示菜单、工具箱和控制面板外,Photoshop 的桌面是一篇黑色。这时需要新建一个图像文件或者打开一个旧文件,进行图像的编辑与修改。这些操作都在文件菜单命令下进行。

(1)新建文件　使用快捷键"Ctrl+N"。

1)名称:用于输入新文件的文件名.如果不输入,则系统默认文件名为"未标题-1",如果连续新建多个新文件,那么新文件名就会按照先后顺序分别为"未标题-2""未标题-3"等。

2)大小:辅助设置纸张大小。

3)预设:在该选项组中可以设置新文件的尺寸(包括宽度和高度),设置时可以通过键盘直接输入数字,也可以用鼠标单击右边的小三角,从弹出的下拉菜单中进行选择。注意:在使用键盘直接输入宽度和高度时,一定先确定所用单位,如像素、厘米、毫米、英寸、点、派卡和列。

4)分辨率:设置该图像文件的分辨率。数字可以使用键盘直接输入,单位可以从右边的小三角处选择;如果不输入数字,系统会默认为 72 像素/英寸。

5)颜色模式:在颜色模式选项中,系统给定几个选项让从中选择。单击模式右侧的小三角就会出现颜色模式的下拉菜单:位图、灰度、RGB 颜色、CMYK 颜色和 Lab 颜色。一般情况下选择 RGB 颜色。

6)背景内容:用于设定新文件的背景颜色,从中可以选择白色、背景色或透明。一般选择白色,这样所建立的文件的背景(画布)颜色就为白色,如果选择"背景色"那么所建立的文件的画布颜色就与工具箱中背景颜色块儿颜色相同。

7)高级:可以对当前建立的文件进行更细致更高级的设置,主要设置颜色配置文件和像素长宽比。

8)打开文件:使用快捷键"Ctrl+O",或者在桌面的空白处双击。

9)保存文件:保存一个新的文件:使用快捷键"Ctrl+S"。

另存一个图像文件:使用快捷键"Shift+Ctrl+S"。

①文件名:在文本框中输入保存文件的名称。

②格式:在"格式"的下拉列表中选择文件要保存的格式,前面介绍过,Photoshop 支持 20 多种文件格式,保存为什么格式要根据需要而定。

温馨提示:执行"文件 → 存储为 Web 和设备所用格式",能将图像进行进一步的优化和切割,更加方便网络传输和一些设备的显示需求。

10）关闭文件：关闭一个图像窗口：使用快捷键"Ctrl+W"或者"Ctrl+F4"。

（2）图像窗口控制　在 Photoshop CC 中，所有窗口的设置均在菜单中"窗口→排列"命令中，在工作中，我们可以按照自己的喜好随意地更换窗口的排列设置，如图 8-3 所示。

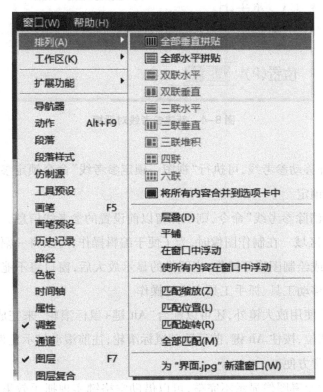

图8-3　排列菜单

通常为了方便工作，我们常用双联垂直或者双联水平排列方式，这样做的好处是一边看着效果图，一边制作。

（3）图像编辑的辅助工具　Photoshop CC 提供了很多辅助工具，为我们编辑图像提供了很大的方便，也提高了工作效率。

1）标尺：选择"视图→标尺"命令，或者按下"Ctrl+R"组合键，可在图像窗口中显示或隐藏标尺，在标尺上单击鼠标右键，在弹出的快捷菜单中可以选择更改标尺的单位。

2）参考线：在标尺显示的情况下，可以用鼠标直接在标尺上拖动出来参考线，这种方法创建的参考线，位置不是太精确。当我们精确构图设计时，比如制作电商网站，网页的界面、页面左右两侧的留白，需要精确到 1 像素，此时需要用参考线来精确定位，执行"视图→新建参考线"命令，打开如图 8-4 所示对话框，创建参考线。

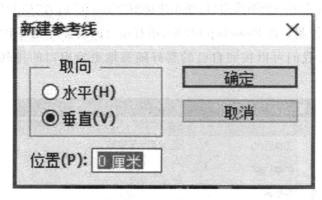

图8-4　新建参考线对话框

为了防止意外移动参考线，可执行"视图→锁定参考线"命令锁定参考线。再次选择此命令，可以取消锁定。

执行"视图→清除参考线"命令，则不保留以前设置的参考线信息。

（4）显示控制区域　在制作图像时，为了便于编辑操作，可以将一幅图像的显示放大数倍后，进行填充或绘制图形等操作，当图像的显示放大后，窗口将不能完整显示，因此，需要配合放大镜、移动工具、抓手工具来进行操作。

放大图像除了使用放大镜外，还可以配合"Alt 键+鼠标滚轮"来完成，把鼠标放在图像上需要放大的部位，按住 Alt 键，前后滚动鼠标滚轮，往前滚动显示比例变大，往后滚动显示比例缩小，非常方便。

如果图像放大使得图像显示不完整，可以借助空格键实现抓手效果。在任何工具选中情况下，按下空格键，则光标在图像窗口中显示为抓手工具，此时可以进行图像移动。

6. Photoshop 基本工具

Photoshop CC 的工具很丰富，有几十种，在这里只讲述在智慧农业技术中使用最广泛的工具。

（1）选取工具组　在使用 Photoshop 设计网页的过程中，很多情况只是对图像的某个部分进行操作。首先要选择操作的范围，这便要用到"选取"工具，所创建的区域叫作"选区"。在此介绍几种常用的选取工具。

先来认识一下 Photoshop CC 的工具箱，如图8-5 所示。

在此只介绍在网页设计中使用频率比较大的选取工具，矩形选框工具、椭圆选框工具、快速选择工具、魔棒工具，如图8-6 所示。

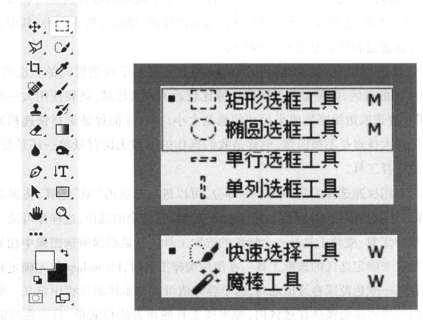

图 8-5　PS 工具箱　　　　　　图 8-6　几种选取工具

1)矩形选框工具:位于工具箱的左上角,是制作或编辑图像时经常用到的工具。使用矩形选框工具可以在绘图区域建立矩形选区。该工具的使用方法非常简单,选中该工具,把鼠标放在绘图窗口的适当位置,然后拖动鼠标,就会建立一个沿拖动方向为对角线的矩形选区。如果要创建一个正方形选区,只需在拖动的同时按住键盘上的"Shift"键即可。

在网页界面设计中,矩形选区工具的功能十分强大,可以利用矩形选框工具进行精确测量图像的尺寸,还能够利用矩形选框工具进行精确排列对象。

①利用矩形选框工具测量图像尺寸:打开一个淘宝网热卖河南特产页面,截取其中的一部分。如果作为一个店主或网店维护者,需要懂得如何测量每个产品图片的精确尺寸。具体操作描述如下:按住"Ctrl+M"弹出"另存为"对话框,将当前的网页保存为 PNG 或 JPG 格式的图片,利用 Photoshop 打开(为了选择的精确性,尽可能将图像的显示比例放大到150%左右),选择矩形选框工具,从图像的左上角沿对角线拖动到右下角,此时鼠标的右下角会出现图像尺寸提示:"W:221 像素、H:221 像素"。不过一般情况下设计者在设计产品图像尺寸的时候像素数都是整 5 的倍数。

②利用矩形选框工具排列对象:在制作网页导航条的时候,往往需要制作多个菜单项。网页导航条中有"首页""商城"等 11 个菜单项。每个菜单项不仅有文字提示,还有

底纹凸显,此网页当鼠标放上去的菜单项都有一个不规则的橙黄渐变的底纹。如当前页面的"首页"菜单,这里需要将文字与底纹准确的排列,排列方法有多种,其中,最简单、最精确的方法就是利用矩形选框工具排列。

2)快速选择工具:快速选择工具的使用方法是基于画笔模式的。也就是说,可以"画"出所需的选区,如果是要选取离边缘比较远的较大区域,就要使用大一些的画笔大小;如果是要选取边缘则换成小尺寸的画笔大小,这样才能保证选择快速精确。快速选择工具的最大优点是不挑图像,也就是我们操作的图像无论背景单一还是复杂,都可以利用快速选择工具。

如果利用快速选择工具多选了一部分,可以进行选区的"减"运算,将多余的部分减去,操作方法就是按住 Alt 键再用快速选择工具涂抹多余的选区,这样即可减。

3)魔棒工具:魔棒工具是一个特殊的选取工具。它是根据所选图像中相邻像素的颜色相似程度来确定选区的选取工具。在使用魔棒工具时,Photoshop 首先确定相邻近的像素是否在同一颜色范围容许值之内,这个容许值可在魔术棒属性栏中定义。所有在容许值范围内的像素都会被选在选区内,魔术棒工具使用方法很简单,只要在所需选择的部位单击就可创建一个选区。

这里需要介绍一下魔术棒属性栏中几个重要参数的含义。

①容差:容差值的范围为 0~255,默认值为 32。输入的容差值越低,所选取的像素颜色和所单击的那一个像素颜色越相近,可选颜色的范围越小;反之,可选颜色的范围越大。

②连续的:复选项选中后作用是只允许选取与指定像素相连接部分的像素范围,如果用户取消连续的复选项,魔术棒工具能够将整个画面中颜色相同相近的像素都进行选取。

4)色彩范围命令:是一种比较精密的选取命令。它可以选取图像中与指定色彩相同的像素,功能类似魔棒工具,但比魔棒工具灵活,既可以选择一种颜色,也可选择多种颜色。具体使用方法:打开一个图片,执行"选择→色彩范围"命令,打开一个对话框,用鼠标单击图中黄瓜叶的病斑处,设置适当的容差,然后单击"确定"按钮即可得到相应的选区。如果需要选择多种颜色与选择一种颜色的方法区别在于,借用添加到取样吸管,在图片上依次单击需要选择的颜色即可。

利用魔棒、快速选取工具及色彩范围创建的选区,通过直方图能够清晰地看到选区内的像素数,在农业方面可以用在农作物叶面积计算及土地面积的估算,或者评估病虫害受灾情况,大豆叶全部包围,对应直方图中的像素数 267375 个,生病部位的像素是 42561 个,那么可以计算出大豆生病受害面积占比用 A 表示,则:

$$A = \frac{\text{病斑面积}}{\text{全叶面积}} = \frac{42\,561}{267\,375} = 15.9\%$$

（2）切片工具组　农村电商在未来10年内将会快速发展和普及，电子商务平台需要有网站支持，那么新型农民掌握网站开发、网页制作、网店美工等技术是非常必要的。然而提到网页设计，不要说是农民，即便是高校在校生，都认为是一件不容易的事情，但如果学会Photoshop，学会网页设计就会变得非常简单。钟维秀用切片工具实现从网页美工到HTML页面的研究写道，利用Photoshop进行网页界面设计后，利用切片切割，并保存为图片和HTML网页，把HTML网页导入到Dreamweaver软件适当设置即可完成网站的设计。可见切片工具十分重要，不仅可以切出HTML网页，还能够将大图切为小图，提高网页浏览速度。

切片工具如图8-7所示，在图中我们看到有两个与切片相关的工具，一个是切片工具，一个是切片选择工具，下面重点讲述一下切片工具切图的过程。

图8-7　切片工具组

1）打开要分割的图片，如图8-8所示。这是一个农产品网站的主页导航条和广告区域，假设这个网页界面是我们自己设计的，那么如何用切片工具把导航条的菜单和banner切出来？先选择工具栏的切片工具。

图8-8　素材

2）在要切片的图片上切一个框。

3）点击鼠标右键，选择划分切片。

4）设置如图，水平划分为2，垂直划分先不设置，如图8-9所示。

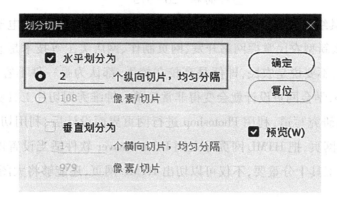

图8-9　划分切片对话框

5）效果如图8-10所示。

图8-10　划分后的切片效果

6）选择切片选择切片工具将切片1的下边界与切片2的上边界同时上调，得到如图8-11所示的效果。

图8-11　调整切片

7）重复步骤8-11，可以将得到如图8-12所示的切片效果。

图 8-12 最终切片效果

8) 将图片划分好后, 执行"文件→导出→存储为 Web 和设备所用格式(旧版)…"命令, 打开存储为 Web 和设备所用格式对话框, 如图 8-13 所示。

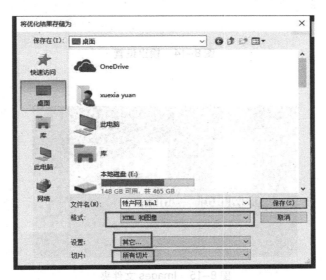

图 8-13 将优化结果存储为对话框

9) 单击"存储"按钮, 将优化结果存储为图像和 HTML 格式。在"设置"下拉菜单选择"其他"打开"输出设置"对话框, 并进行设置, 如图 8-14 所示, 单击"确定"。

10) 回到图 8-13, 单击"保存"按钮。

11) 返回到桌面, 我们看到桌面上多了一个文件名为 Images 的文件夹和一个 HTML 文件, 如图 8-15 所示。打开 images 文件夹和 HTML 文件, 效果分别如图 8-16、图 8-17 所示。

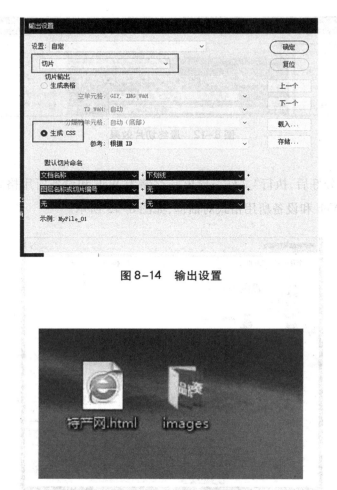

图 8-14 输出设置

图 8-15 Images 文件夹

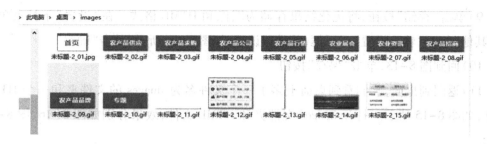

图 8-16 切割后的小图片

图8-17　生成的 HTML 网页

（3）修图工具　在网页制作中，对图片素材进行局部处理十分常见，比如完美去除图片中水印、去除杂点、图片颜色局部美白等，在这里讲述几种常用的图片处理工具的使用方法。

未来在美丽乡村建设目标实现的背景下，乡村旅游会迅速成为新时尚，农民开旅游公司、开田园影楼也将成为流行。为此，修图、美图是建设美丽乡村的必备技术。

1）污点修复画笔工具。可以迅速修复照片中的污点以及其他不够完美的地方，污点修复画笔工具的工作原理与修复画笔相似，即从图像中提取样本像素来涂改需要修复地方，使修改的地方与样本像素在纹理、亮度和透明度上完全一致。从而达到用样本像素遮盖需要修复的地方的目的。与修复画笔不同的是，污点修复画笔工具不需要指定样本区。它会从需要修复处的四周自动取样。

污点修复画笔工具的属性栏基本保持默认值即可，这里需要特别说明一下类型文本框中的"内容识别"，就是基于图像识别原理。以选取边缘的像素为参照来寻找一个图像区域，将这个图像区域作为被选区域的补丁，如果此项没有达到满意的修复效果，可以撤销本次的修复，选择"创建纹理"选项。

污点修复画笔的使用方法很简单，根据污点的大小设置污点修复画笔的大小，稍大于污点即可，然后在污点或者雀斑处单击，可以快速除去污点或者雀斑。

2）修补工具。修补工具的作用原理和效果与污点修复画笔工具是相似的，只是它们的使用方法不一样。

这里重点介绍一下修补选项为"正常"的"源"与"目标"含义，选择"源"和选择"目标"有什么区别呢？假设首先创建选区 A，然后从选区往外拖动到一个地方 B。那么原先的选区"A"就是源，拖动到的地方"B"就是目标。如果选择修补"源"的话，就意味着"源"被更改，也就是选区内的像素被更改，A 区域被 B 区域中的内容所覆盖。与之相反，如果选择修补"目标"的话，那么就是拖动到达的 B 区域被原先处于选区的 A 区域更改。

　　修补工具往往与污点修复画笔工具结合使用来去除从网络下载的图片,如图8-18所示中的水印,如果是比较小的水印,可以直接用污点修复画笔工具去除,如果是大面积的,复杂的可以将两个工具结合使用更加快捷。

a 带水印的图片　　b 用修补工具　　c 用污点修复工具　　d 水印修复完毕
　　　　　　　　　去大面积水印　　去细小水印

图8-18　去除水印

　　3)红眼工具。┃＋○红眼工具┃可以移去用闪光灯拍摄的人物或动物照片中的红眼,也可移去用闪光灯拍摄的动物照片中的白色或绿色反光。去红眼方法很简单,直接选择工具在红眼处单击,即可去除红眼,效果很理想,如图8-19所示。

a 素材图　　　　　b 用红眼工具单击眼睛　　　c 处理后效果

图8-19　去除红眼

　　4)减淡工具。减淡工具的作用是局部加亮图像,其属性栏的几个参数作用如下:

　　①范围:该选项决定对图像中哪个区域进行处理,默认为中间调,还可选择暗调、高光,选择不同的范围处理的结果也不一样。关于高光、中间调、暗调的概念在这里介绍一下,它们都是Photoshop中比较重要的概念。画面中较黑的部位属于暗调,较白的部位属于高光,其余的过渡部分属于中间调。我们知道像素的亮度值为0~255,靠近255的像素亮度较高,靠近0的亮度较低,其余部分就属于中间调。这种亮度的区分是一种绝对区分,即255附近的像素是高光,0附近的像素是暗调,中间调在128左右。

　　②曝光度:决定工具的效果明显程度,值越大效果越明显。

　　③喷枪:和前面所讲笔刷的喷枪效果相似,开启喷枪选项后,在某一处停留时,有持续效果。

操作方法：直接设置好参数和笔头的大小，在所需要增白的部位涂抹即可，如图8-20所示为小白兔用减淡工具处理的效果对比。

　　　　　　a 素材图　　　　　　　　　　　　　b 处理后效果

图 8-20　减淡工具处理效果

加深工具的效果与减淡工具的效果相反，是将图像局部变暗，其属性栏与减淡工具相同，也可以选择针对高光、中间调或暗调区域，这里就不再介绍了，请大家自己动手体验。

（4）文字工具组　文字工具组共包括横排文字工具、直排文字工具、横排文字蒙版工具、直排文字蒙版工具，如图8-21所示。

图 8-21　文字工具组

1）文字工具的属性栏。在文字工具组中，文字字体、字号、字体颜色等是文字的重要表现形式，所以在使用文字工具时对这些属性设置很重要。

关于文字属性栏的属性，大家自己动手验证一下，在此不再详述。

2）文字的输入。选中 T "横排文字"工具，把鼠标放在打开的图像或画布上单击，此时鼠标变成闪动的光标，直接用键盘输入文字即可，在这种情况下，如果不使用 Enter 键，文字将不会自动换行。单击属性栏上的 ✔ 按钮或按住数字小键盘上的回车键即可退出文字录入状态，切换到其他图层或选择其他工具也可结束文本输入状态。

3）生成图层。输入的文字将生成一个新的文字图层。

　　温馨提示：在 Photoshop 中文字和普通图像的区别是以不同类型的图层体现。使用文字工具在创建文字的同时会产生一个相应的文字图层，并且文字图层的名称为所输入的文字内容，在图层预览窗口中显示白底黑色英文字母"T"作为文字图层的标记，如图 8-22 所示。另外，文字图层是一种特殊图层，在文字图层中记载了文字的字体、字号、文字颜色等文字属性信息，用户可以在图像编辑过程中随时对文字图层中的内容和属性进行各种编辑和修改，这是普通图层所不具备的。

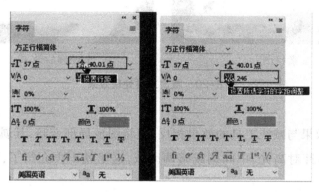

图 8-22　字符调板

　　4）文本的编辑。在创建了文本之后，有的时候并不十分满意，需要进行修改或需要加上一些修饰，那么就需要掌握一些技术来编辑文字图层。PhotoshopCC 提供了功能强大的字符浮动面板和段落浮动面板，可实现文本编辑的目的。在字符面板中有两个设置项非常有用，分别是"设置行距""设置所选字符的字距调整"。

　　7. 图层

　　（1）图层概念　　"图层"的概念在 Photoshop 中非常重要，作用非常强大，许多效果可以通过对层的直接操作而得到，而且十分快捷高效。

　　通俗地讲，图层就像是印有图形、文字等元素的透明塑料纸，按照顺序叠放在一起，组合起来形成图像的最终效果。图层可以实现多个元素精确定位、插入文本、图片、表格等内容，多个图层可以成为一组，方便管理；图层的混合模式功能强大，可以实现抠图、色彩混合等效果，利用 PS 制作或者处理图像，必须用到图层。

　　（2）图层调板　　图层调板是实现图层功能的绿色通道，虽然图层的绝大多数功能都可以通过"图层"菜单里命令来实现，但是命令法有些烦琐，影响工作效率，通过图层调板可以实现如图 8-23 所示功能。

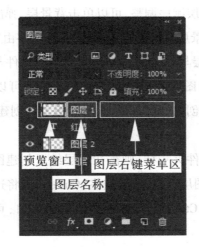

图8-23　图层调板

1）新建图层。单击图层调板底部即可新建一个透明图层，不包含图像像素。

2）选择图层。因为 PS 理论上可以支持无数个图层，在对图层对象操作的过程中，只有选择相应的图层才能被操作，不被选择的图层被保护，选择图层的方法与选择文件的方法相似，如果选择连续的图层可以借助"Shift"键完成，如果选择不连续的图层，可以借助"Ctrl"键完成。

3）复制图层。选中要复制的图层，将光标拖至"创建新图层"按钮上即可实现复制。当然复制图层方法不止这一种，按"Ctrl+J"能快速实现图层的复制。

4）调整图层顺序。选定要移动的图层，按下鼠标将其拖动到指定位置，释放鼠标，即图层顺序即被调整。

5）隐藏或显示图层。单击要隐藏图层左侧的眼睛图标，即隐藏，再次单击此位置，即显示。

6）合并图层。选择需要合并的图层，单击图层调板右上角按钮，从打开菜单中选择"向下合并""合并可见图层""拼合图层"命令即可，或者按住"Ctrl+E"实现合并图层。

7）调整图层不透明度。拖动图层调板上的可以实现图层的不透明度的调整，这个功能非常有用，能够实现从上个图层观察到下一层的内容，从而确定上层图像的位置。

8）图层的模式。单击图层调板上可以弹出菜单栏，列举了 20 多种混合模式，在图像编辑过程中，通过对各图层的混合模式和不透明度的调整，可以使图像达到意想不到的效果。

9）背景图层转换为普通图层。打开或者新建一个图像文件都有一个背景图层，默认情况下背景图层在最底层，位置属于锁定状态，无法调整图层顺序。如果需要将背景层像普通图层一样可以参与图层顺序调整,可以单击背景层,弹出"新建图层"对话框,直接单击"确定"按钮,可以将背景层转换为普通图层,图层名字由"背景"修改为"图层0"。

10)图层组的操作。图层与图层组的关系可以类比文件与文件夹的关系,当一个大型案例需要几十甚至上百的图层时,很烦乱,利用图层组可以对图层进行管理,方便操作。图层组的创建与图层的创建相似,单击图层调板上的创建新组按钮即可实现图层组的创建。

新创建的图层组像空文件夹一样,则需在图层组里创建图层,可以在图层组中创建图层,也可以将现有的多个图层选中,然后按住"Ctrl+G"键将这些图层放在一个组里。

①载入图层选区:按住 Ctrl 键,单击图层缩览图窗口,可以迅速载入图层对象的选区。

②添加图层样式:PhotoshopCC 为图层提供了多种样式,包括投影、内阴影、外发光、内发光、斜面和浮雕、光泽、颜色叠加、渐变叠加、图案叠加、描边等,单击图层调板底部的弹出样式下拉菜单,如图 8-24 所示,根据需要进行设置。

PhotoshopCC 也提供了丰富的预设样式,执行"窗口→样式"可以打开样式调板,如图 8-25 所示,单击右上角,可以载入样式库,有了样式库,这样在制作电商网站中立体化按钮、Logo、下拉菜单等可以直接利用样式库的效果,可以提高设计速度。

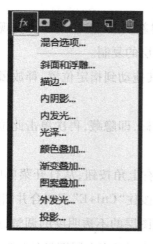

图 8-24　图层样式下拉菜单

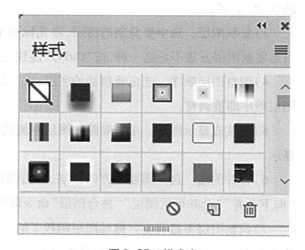

图 8-25　样式库

③将图层转换为智能对象:普通对象如果填充了渐变颜色,或者使用了图层蒙版、剪切蒙版、图层样式或执行了贴入操作,为了确保效果在旋转、缩放、移动等操作中不发生改变,可以将这些图层转换为智能对象。具体操作:选择图层,在图层右键菜单区单击鼠标右键,在弹出的菜单里选择"转换为智能对象"即可。

④图层栅格化:对于文字图层、调整图层、形状图层、智能图层、蒙版图层等特殊图层,无法直接使用画笔、滤镜等效果,这时需要将特殊图层进行栅格化。操作方法是选择图层然后在图层右键菜单区单击右键,在弹出的菜单中选择"栅格化"即可。

8.蒙版

蒙版具有遮挡图层中图像的作用,但是又不破坏图像的完整性,它只对当前图层起作用。蒙版是进行图像合成的重要手段,也是 Photoshop 软件经典功能之一,利用蒙版合成图像可以进行多张图片的高度融合与完美拼接。蒙版可以分为快速蒙版、图层蒙版、矢量蒙版、剪切蒙版等4种,使用最频繁的是图层蒙版和剪切蒙版。

(1)图层蒙版 图层蒙版的操作方法通常有两种:一是利用黑色的软化笔做透明效果,白色画笔还原;二是利用由黑到白的渐变做透明效果,黑到透明渐变可以执行多次,两种方法可以结合使用,以一个实例来说明操作方法。

打开两个素材,分别是蓝天白云图和一个西瓜田的图片,如图 8-26 所示,目标是将两张图像融合一起,达到蓝天白云下的大西瓜效果。

图 8-26 素材

1)首先蓝天白云素材拖到西瓜田的素材里,如图 8-27 所示。

图 8-27 把蓝天素材置入西瓜素材文件

2）选择蓝天白层，然后单击图层面板下方的按钮，为蓝天白云图层创建图层蒙版。

3）设置前景色为黑色，背景色为白色，然后选择渐变工具，沿着垂直方向做从黑色到白色的渐变，效果如图 8-28 所示。

图 8-28　创建图层蒙版

4）如果感觉哪里效果不够完美，可以选择画笔工具（柔边圆形画笔），用画笔在西瓜图上涂抹。如果前景色为黑色，会得到透明效果，如果白色涂抹，可以得到恢复融合前的效果，涂到效果满意为止。

（2）剪切蒙版　剪切蒙版是一个可以用其形状遮盖其他图像的对象，因此使用剪切蒙版，只能看到蒙版形状内的区域，从效果上来说，就是将图像裁剪为蒙版的形状，创建剪切蒙版时要有两个图层，对上面的图层创建剪切蒙版后，上面的图层只显示下面的图层的形状。

例如要在电商平台展示几十种甚至上百种农产品，如图 8-29 所示，在制作网页界面的时候，得到农产品的素材大小不一，如何快速将他们处理成大小一样，又排列有序的产品展示呢？利用剪切蒙版将会很快达到这个目的。

图 8-29　产品展示

1)首先新建一个文档,然后选择圆角矩形工具制作一个280＊280像素的圆角矩形,圆角半径为15,参数设置和效果如图8-30所示。

2)把黑色圆角矩形放好位置,然后打开一个农产品素材,并把素材拖放到黑色圆角矩形的上方图层。

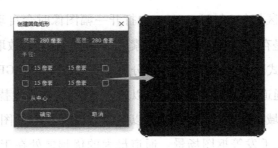

图8-30　设置参数

3)把鼠标放在"山药"层与"圆角矩形"层中间连接处,单击鼠标,把山药图片剪切到圆角矩形内部。如果山药图片大小不合适,可以按住"Ctrl+T"进行缩放、旋转等操作,直到满意。

4)选择圆角矩形和山药层,按"Ctrl+G",将两个图层群组,变成一个图层组,命名为"山药"群组,然后按住"Ctrl+J"组合键3次,将山药群组复制3个副本,分别取名为"花生""玉米""大豆",并将四个组的图像水平居中分布。

5)打开"花生"群组,选择该图层中的"山药"层,单击右键,弹出右键菜单,依次选择"转换为智能对象""替换内容…",在弹出的对话框中找到"花生"素材,立刻完成花生产品的摆放,如图8-31所示。

图8-31　修改第二个群组图片

6)重复步骤5,依次修改替换"玉米""大豆"群组中的图片,很快完成多种产品的展示。

可以认为剪切蒙版就像把一个个物品放在形状不一的容器里一样,本例中的圆角矩形就是容器,那么各种农产品的图像就是要放置的物品,无论物品形状和尺寸,只要放进容器里,显示的形状是容器形状,内容是图片的内容。剪切蒙版的容器可以是图形,还可以是文字,可以把图像剪切到文字里,得到艺术效果的文字。

9.通道

通道的作用与选区相似,在 Photoshop 中打开一幅图像时会自动产生默认的色彩通道,色彩通道的功能是存储图像中的色彩元素,图像的默认通道数取决于该图像的色彩模式,如 RGB 色彩模式的图像有四个通道,分别存储图像中的 RGB 通道和红、绿、蓝通道。在通道中,单色通道(如红、绿、蓝通道)以黑白显示,以白色代替透明表示选择区域;以黑色表示非选择区域。因此,利用通道可以实现图像的高级抠图,这种高级抠图主要利用于婚纱、云、火焰、毛发等抠图场景。通道最大的优越之处在于,通道可以完全由计算机来进行处理,它是完全数字化的。

(1)通道面板　"通道"面板用来创建、保存和管理通道,打开一个图像文件,Photoshop 会在"通道"面板里自动创建该图像的颜色信息通道,单击通道面板右上角的按钮,会弹出"通道"面板菜单。

(2)通道的类型　Photoshop 通道常用类型有 3 种,分别是颜色通道、Alpha 通道和专色通道,每种通道都有各自的用途。

1)颜色通道。颜色通道是打开图像时自动创建的通道,它记录了图像的颜色信息。通道的数量跟图像的颜色模式相关。RGB 图像包含红、绿、蓝和 RGB 四个通道;CMYK 图像包含青色、洋红、黄色、黑色和 CMYK 五个通道。

2)Alpha 通道。Alpha 通道与颜色通道不同。它是用来保存选区的,可以将选区存储为灰度图像,但是不会直接影响图像的颜色。

在 Alpha 通道中,白色代表了被选择的区域,黑色代表未被选择的区域,灰色代表了被部分选择的区域,即羽化的区域。用白色涂抹 Alpha 通道会扩大选区的范围,用黑色图片则缩小选区范围,用灰色涂抹可以增加羽化的范围。

3)专色通道。专色通道是一种特殊的颜色通道,它可以使用除了青色、洋红(也叫品红)、黄色、黑色以外的颜色来绘制图像。在印刷中为了让自己的印刷作品与众不同,往往要做一些特殊处理。如增加荧光油墨或夜光油墨,套版印制无色系(如烫金)等,这些特殊颜色的油墨(我们称其为"专色")都无法用三原色油墨混合而成,这时就要用到专色通道与专色印刷了。

(3)Alpha 通道与选区的相互转换　Alpha 通道与选区是可以通过通道面板实现相互转换的,具体操作:

1）首先打开一幅图像，并用魔棒工具创建一个选区，如图 8-32 所示。

2）打开通道面板，单击面板下方的将选区作为存储通道按钮，得到一个 Alpha1 通道，在通道里显示的是选区的信息，如图 8-33 所示。

图 8-32　创建选区　　　　　　　　　图 8-33　为选区创建 Alpha 通道

3）按"Ctrl+D"取消当前选区，然后用鼠标单击通道面板上的将通道作为选区载入按钮，或者按住 Ctrl 键单击 Alpha1 通道的缩览图，可以重新得到原来的选区。

（4）通道的分离与合并

1）打开一幅 RGB 图像，并打开通道调板。

2）单击通道调板右上角的，在弹出的调板菜单中选择分离通道命令，可以得到三个通道（R、G、B）的灰阶图，如图 8-34 所示分离后的灰色图像。

图 8-34　分离通道效果

3）对于这三个被分离出的图像执行调板菜单中的"合并通道"命令，打开合并通道对话框，如图 8-35 所示，在"模式"下拉菜单中选择"RGB 颜色"模式，单击"确定"按钮，弹出合并 RGB 通道对话框，如图 8-36 所示，单击"确定"按钮，即可将三个被分离的图像还原为 RGB 图像。

图 8-35　合并通道对话框

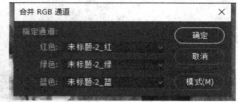

图 8-36　合并 RGB 通道对话框

四、常用技术介绍

1. 抠图技术

抠图技术在图像处理中应用非常广泛，因为换背景，必须首先经过抠图过程。常见抠图方法有选区抠图、路径抠图、橡皮抠图、通道抠图等。

（1）选区抠图　可以利用魔棒工具和快速选择工具等先创建选区，所需素材如图 8-37 所示，然后再进行抠图，如图 8-38 的效果。

图 8-37　所需素材

图 8-38　合成效果

操作步骤：

1）将上面两个素材在 PhotoshopCC 中打开，利用快速选择工具将人物素材中的人物选中，如图 8-39 所示，按"Ctrl+C"进行复制。

2）切换到孔雀素材窗口，然后按"Ctrl+V"命令，将选择的人物粘贴到孔雀素材中，按"Ctrl+T"将人物缩小，并调整位置如图 8-40 所示。

图 8-39　选择人物

图 8-40　合成效果

（2）路径抠图　路径抠图可选择钢笔工具创建路径，然后将路径变换为选区，进行抠图，素材如图 8-41 所示，抠图效果如图 8-42 所示。

图 8-41　素材　　　　　　　　　　　　　图 8-42　抠图效果

操作步骤：

1）选择钢笔工具，并设置属性栏中的属性为路径，然后围绕石榴创建路径，如图 8-43 所示。

2）选择转换点工具对路径进行编辑，如图 8-44 所示。

图 8-43　创建路径　　　　　　　　　　　图 8-44　编辑路径

3）按住"Ctrl+Enter"，将路径转化为选区，然后按住"Ctrl+J"将选区的石榴复制到新的图层，将背景层隐藏，抠图成功。

（3）橡皮抠图　橡皮擦工具有三种，分别是橡皮擦、背景橡皮擦、魔术橡皮擦。其中功能最强大的是背景橡皮擦，除了可以具有现实中橡皮的擦除功能外，还可以进行高难度的照片抠图,比如长发照、火焰、白云等照片的抠图,都可以利用背景橡皮擦。背景色橡皮擦工具的使用效果与普通的橡皮擦相同,都是抹除像素,可直接在背景层上使用,使用后背景层将自动转换为普通图层。其属性栏与颜色替换工具有些类似。可以说背景橡皮擦工具也是颜色替换工具,只不过真正的颜色替换工具是改变像素的颜色,而背景色橡皮擦工具将像素替换为透明而已。通过图8-45所示的属性栏可以进行如下设置:

图8-45 背景橡皮擦属性栏设置

1)限制。该项用于控制擦除范围,在限制下拉菜单中有不连续、临近(连续)、查找边缘。其中的不连续方式,可以将符合条件但是不连续的像素擦除;临近(连续)方式可以将符合条件并且连续的像素擦除。查找边缘方式可以将符合条件的不连续的像素擦除,并保证被擦除部分图像的边缘清晰。

2)容差。该项决定擦除与取样颜色相近的图像的范围,值越大,一次擦掉的图像颜色范围就越大。

3)保护前景色。选择该项,有保护前景色的作用,也就是说,用户即使在取样时,获得了前景色的颜色,背景橡皮擦工具在擦除时也不会擦除这些颜色的图像。

4)取样。背景橡皮擦包含连续、一次、背景色板3种取样方式。其中在连续取样方式下,拖动鼠标经过的部分都会被取样,也都会被擦除;在一次取样下,代表以鼠标第一笔所在位置的像素颜色为基准,在容差之内去寻找并消除像素;在背景色板取样方式下,只擦除与当前背景颜色相近的颜色。素材如图8-46、效果如图8-47所示。

图8-46 素材

图8-47 抠图效果

操作步骤：

1）打开素材，选择背景橡皮擦，设置属性栏的属性为背景色板，并设置合适的容差。

2）选择吸管工具，然后吸取素材中的蓝天颜色，此时前景色板变为蓝色，按住"X"键，将前景色切换到背景色板。

3）然后在背景区域涂抹，笔触可以适当调大一些，这样去除背景的速度更快，直到蓝色基本上涂抹完毕。如图 8-48 所示。

4）重复第（3）步，直到所有的颜色去除完毕为止，如图 8-49 所示。

5）在背景层与填充白色，抠图完成。

图 8-48　擦除一种颜色效果　　　　　　　图 8-49　擦除所有颜色效果

（4）通道抠图　通道抠图为一种高级抠图法，这种抠图是前面三种抠图方法无法取代的，尤其是在对婚纱抠图中，通道显示了神奇的功能素材如图 8-50、图 8-51 所示，效果如图 8-52 所示。

图 8-50　素材 1　　　　　　　　　　　图 8-51　素材 2

图8-52　最终效果

2. 颜色设置

（1）认识颜色控制器　颜色控制器位于工具箱下端如图8-53所示，通过颜色控制器可设置一些重要信息，主要包括前景色、背景色、前景色与背景色切换以及默认颜色的设置。

1）前景色。图8-53中"1"代表前景色，绘制图形时，可将前景色绘制在图形上，也可以填充选区或是对选区描边。

2）背景色。图8-53中"2"代表背景色，背景色显示的是图像的底色，也可以填充到某个区域，当使用橡皮擦工具或是删除选区时，图像上就会删除前景色而留下背景色。

3）切换前景色与背景色。图8-53中"3"处的 代表前景色与背景色切换按钮，用鼠标单击该按钮或按住键盘上的"X"键，可以将当前的前景色与背景色相互切换。

4）默认颜色的设置。图8-53中"4"处的 代表前景色与背景色默认设置按钮。用鼠标单击一下 按钮或按键盘上的"D"键，就可将前景色与背景色恢复为默认的颜色。初次使用Photoshop时，前景色与背景色的默认颜色分别为纯黑色与纯白色。

（2）颜色的设置方法

1）使用拾色器。用鼠标单击图8-53的"1"处，则出现的拾色器对话框，如图8-54所示。用鼠标在左侧的颜色区单击（可配合使用滑竿上的滑钮拖动）选择一种所需的近似的前景颜色；如果要精确选择一种前景色，可以在右侧的文本区，输入数字。

图8-53　颜色控制器

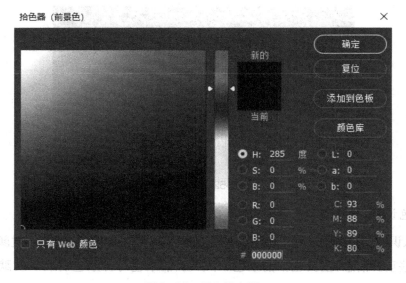

图 8-54　颜色拾色器

2）颜色调板。显示当前前景色和背景色的颜色值,使用颜色调板中的滑块,可以通过几种不同的颜色模型来编辑前景色和背景色,也可以从颜色栏显示的色谱中选取前景色和背景色,执行"窗口→颜色"命令可以打开颜色调板,如图 8-55 所示。

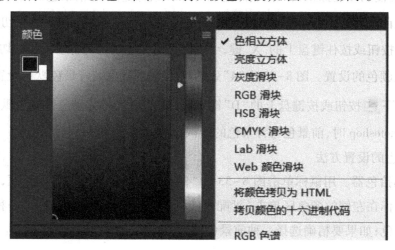

图 8-55　颜色调板

3）色板调板。可以快速选取前景色和背景色、添加或删除颜色来创建自定的色板集。该色板中的颜色都是预置好的,不需设置即可使用。执行"窗口→色板"命令打开可以色板调板,如图 8-56 所示。

把鼠标放在色板调板中的某一个颜色块儿上鼠标立刻变成了吸管(✎)标志,单击所需颜色,即可使当前的前景色改变为所选颜色。如果要用这种方法选择背景色,则先按着 Ctrl 键不放再单击左键即可。

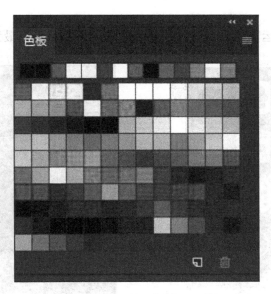

图 8-56　色板

4)使用吸管工具。设置精确度不太高的颜色时,可以用吸管工具来完成。吸管工具如图 8-57 所示,用该工具可以从当前的图像中的某一处采样,可以用采样来的颜色重新定义前景色或背景色。

吸管工具的使用方法:选中吸管工具,将光标移至图像上所需颜色处单击进行采样,这时前景色就变为采样得到的颜色;如果想使背景色变为采样颜色,那么需要在采样的同时按住 Alt 键即可。

图 8-57　吸管工具

3. 布尔运算

(1)基本概念　布尔运算是 PS 的高级操作,可以通过布尔运算得到各种形状,如图

8-58 所示的手机图标,都可以通过布尔运算来得到,举例说明布尔运算的操作方法:

　　布尔运算工具一般都选择矩形工具组中的工具,并设置属性栏的属性为"形状",如图 8-59 所示。

　　布尔运算分为加运算、减运算、乘运算;加和减运算使用频率最为广泛。

图 8-58　手机图标

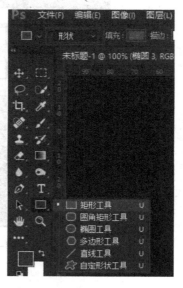

图 8-59　矩形工具组和属性栏设置

　　(2)利用布尔运算制作手机"信息"图标　以上述手机图标中的"信息"为例介绍形状图层的"布尔运算"方法。

　　操作步骤:

　　1)首先创建一个 500 * 750 像素的文件,分辨率为 72PPI。

　　2)选择矩形工具组中的圆角矩形工具 ▢ 圆角矩形工具　U,设置属性栏。

　　图中参数:"填充"设置了渐变属性,"描边"为 ▱ ,表示无轮廓填充;"W""H"都为 55 像素;"半径"即圆角半径为 10 像素。

　　3)选择椭圆工具 ◯ 椭圆工具　　U,首先设置属性栏参数如图 8-60 所示。

图 8-60　椭圆工具属性栏设置

单击鼠标,得到如图 8-61 所示的椭圆。

　　4)制作气泡小尾巴。为了方便观察,将背景图层颜色,更换一个与绿色、白色对比较大的颜色。首先选择椭圆工具(属性栏设置"形状"),随意绘制 1 个椭圆,如图 8-62 所示。

图8-61　绘制气泡椭圆　　　　　图8-62　绘制一个椭圆

5）按住 Alt 键，此时鼠标呈现 ᅴᆞᅳ 标志，然后拖动鼠标再绘制一个椭圆，与上一个椭圆有部分重叠，得到布尔相减运算效果，如图8-63 所示。

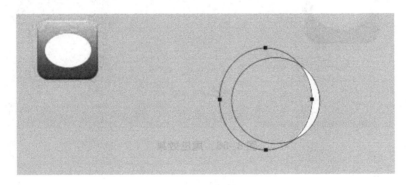

图8-63　布尔相减运算结果

6）继续按住 Alt 键，鼠标呈现 ᅴᆞᅳ 标志时，拖动鼠标再绘制第三个椭圆，与当前的形状有部分重叠，再次得到布尔相减运算效果，如图8-64 所示。

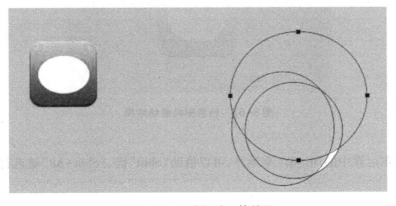

图8-64　再次相减运算效果

7）为了让上述的"尾巴"形状定型，选择路径选择工具，在其属性栏如图 8-65 所示，选择"合并形状组件"命令，得到如图 8-66 所示的效果。

图 8-65　路径选择工具属性栏

图 8-66　尾巴效果

8）将尾巴移动到气泡椭圆结合在一起，得到效果如图 8-67 所示。

图 8-67　信息图标最终效果

对于布尔运算中的加运算、乘运算，可以借助"Shift"键、"Shift+Alt"键进行设计，在此不再赘述。

4. 调色与直方图

（1）偏色照片　对于偏色照片的调整可借助三大调整命令：色阶、曲线、色相饱和度。如果想掌握三大命令的调色技巧，首先了解三色球和色相盘，如图 8-68、图 8-69 所示。

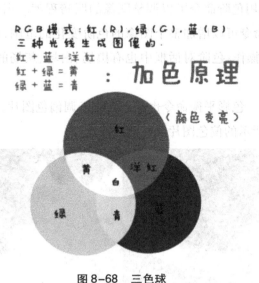

RGB模式：红（R）、绿（G）、蓝（B）
三种光线生成图像的
红＋蓝＝洋红
红＋绿＝黄　：加色原理
绿＋蓝＝青

〈颜色变亮〉

红　洋红　黄　白　绿　青　蓝

图 8-68　三色球

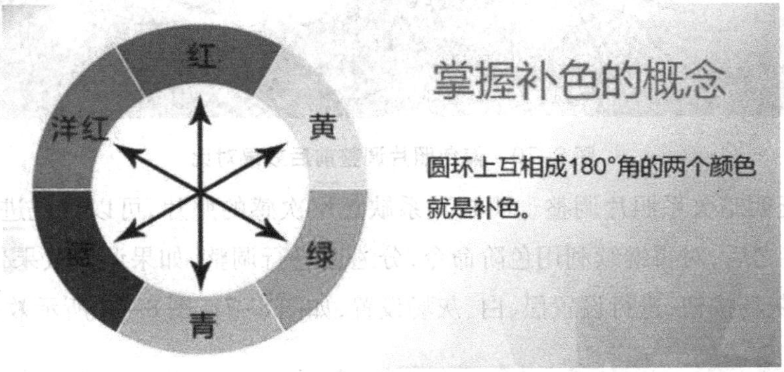

掌握补色的概念

圆环上互相成180°角的两个颜色就是补色。

红　黄　洋红　绿　青

图 8-69　六色色相盘

1）三色球。图像的显示模式通常为 RGB，RGB 分别代表红、绿、蓝三种颜色，从图中可以看到，三种颜色叠加生成白色，所以白色是复合光；而三种颜色两两叠加分别形成黄、青、洋红。

2）色相盘。这里是 6 色相盘，六种颜色处于一条直线上的颜色两两互补，在增加或减少某种色彩的同时，就会等量的减少或者增加它的反色（或叫互补色）。

　　3）曲线命令。曲线命令功能非常强大,可以综合调整图像的亮度、对比度和色彩、使画面显得更加协调。曲线上调,颜色增加,亮度增加;曲线下调,图像变暗。具体的操作方法在案例制作中已经演示。

　　4）色阶命令。使用色阶命令可以调整图像的明暗程度。当一幅图像缺少明显的对比时,使用调整色阶命令可以增加整个图像的色阶变化的范围,可以使图像产生比较明显的对比效果。请看操作:色阶对话框中也有黑场、白场、灰场的按钮,设置方法与功能同曲线命令一致。

　　5）色彩平衡命令。色彩平衡命令也是经常用于调偏色图片,原理也是互补色之间增减守恒。如图 8-70 所示的偏色图片调整前后对比。

图 8-70　偏色照片调整前后效果对比

　　(2)缺乏明暗关系照片调整　明暗关系缺乏层次感的照片,可以首先进行色阶的自动调整,调整之后,对再继续利用色阶命令,分通道进行调整,如果调整效果仍然不足,可以利用黑白灰场按钮,进行设置黑、白、灰场设置,如图 8-71、图 8-72 所示效果。

图 8-71　调整前　　　　　　　　　　　　　图 8-72　调整后

操作步骤：

1）打开素材文件。

2）执行"图像→调整→自动色阶"命令，或者按"Ctrl+L"键首先快速调整一下照片，效果如图8-73所示。

图8-73　自动色阶效果

3）执行"图像→调整→亮度/对比度"命令，打开亮度/对比度对话框，设置参数如图8-74所示，单击确定，效果如图8-75所示。

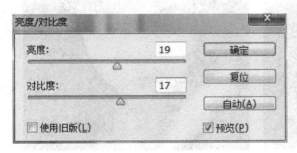

图8-74　亮度对比度对话框　　　　图8-75　调整亮度对比度效果

4）单击图层调板下方的 ◑ ，创建色阶调整图层，设置参数如图8-76所示，即可得到最终效果。

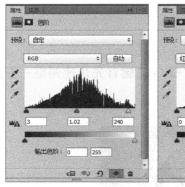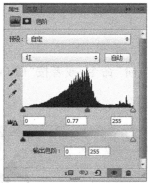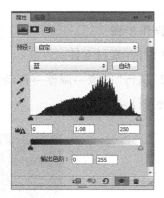

图 8-76　调整色阶

（3）为单色图片添加彩色唯美效果　利用"抠图""色相/饱和度""模糊滤镜"等命令，将一幅单调枯燥的女孩照片，打造成为色彩艳丽，唯美动人的效果，对比图如图 8-77、图 8-78 所示。

图 8-77　调整前　　　　　　　　　　　　图 8-78　调整后

（4）直方图　Photoshop 直方图在图像领域应用非常广，拿日常用的数码相机来说，多种高档的数码相机在显示屏上都有直方图，有了这项功能，拍摄照片的时候就可以观察照片的曝光情况。

Photoshop 直方图图表表示了整个图像的每个亮度级别的像素数量，通过观察直方图，我们可以判断出照片中阴影、中间调和高光区分别包含的细节是否充足，以便对其做出正确的调整，打开一张图像的直方图，如图 8-79 所示。

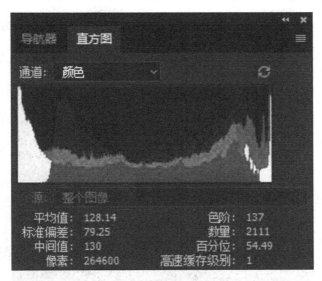

图8-79　直方图

1）通道。在下拉列表有一个选择就是这个通道,包括有颜色通道、Alpha 通道和专色通道,面板中的显示该通道的直方图。在选择"明度"可以显示复合通道的量度和强度值;选择"颜色"可以显示单个颜色通道的复合直方图。

不使用高速缓存的刷新:单击这个按钮可以刷新直方图显示当前状态下的最新统计结果。

2）高速缓存数据警告。使用直方图面板时,Photoshop 会在内存中高速缓存直方图。也就是说,最近的直方图被缓存在这个内存中,而并非实时显示在这个直方图面板中,此时直方图显示的速度较快,但不能及时的显示统计数据,出现这个图标单击按钮可以刷新,从而将高速缓存级别调到1。

3）改变面板的显示方式。直方图面板菜单中包含切换直方图的显示方式。紧凑视图是默认的显示方式,该视图显示的是不带统计的数据和控件的直方图;扩展视图显示的是带有统计和控件的直方图;全部通道视图显示是带有统计数据和控件的直方图,同时还会显示一个通道的单个直方图。

4）直方图中的统计数据。我们可以扩展视图和全通道视图为例,在面板中查看统计数据。如果要在直方图中单击并拖动鼠标则可以显示所选范围内的数据信息,如图8-80所示。

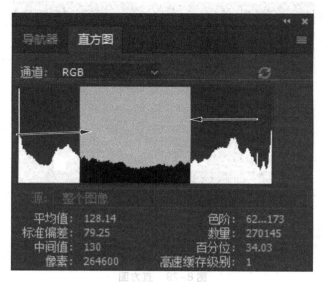

图 8-80　直方图

①平均值:图像的平均亮度值,根据这个数值我们可以大致判断片子整体偏暗还是偏亮,以 128 为中间值,值越高则照片整体越偏亮,值越低则照片整体越偏暗。

②标准偏差:指图像所有像素的亮度值与平均值之间的偏离幅度,一种量度数据分布的分散程度标准,衡量数据值偏离算术平均值的程度。在 PS 直方图中标准偏差越小,图像的对比就越小,反之对比就越大。

③中间值:将图像所有像素的亮度值通过从小到大排列后,位置在最中间的数值。

④像素:显示了用于计算直方图的像素总数。

⑤色阶/数量:鼠标指针所在位置的亮度值,亮度值范围是 0~255;数量是鼠标指针所在位置的像素数量。

⑥百分位:从最左边到鼠标指针位置的所有像素数量÷图像像素总数。当鼠标拖动,选中直方图的一段范围时,色阶、数量、百分位将显示选中范围的统计数据。

⑦高速缓存级别:显示了当前用于创建直方图的图像高速缓存的级别。

5)从直方图中判断照片的影调和曝光。曝光是摄影最重要的一个要素之一,要获得正确的曝光才能拍出令人满意的作品,那么怎样了解照片的曝光是否正确,答案就在直方图里。

直方图是用于判断照片影调和曝光是否正确的重要工具,我们在拍摄完照片以后可以在照相机的液晶显示屏回放照片,通过观察它的直方图来分析曝光参数是否正确,不正确的可以在 Photoshop 里调整。用 Photoshop 打开照片,打开直方图,然后根据直方图的形态和照片的实际情况。采用具有针对性的方法调整照片的曝光和影调。

在直方图左侧代表图像的阴影区域、中间代表了中间调、右侧代表了高光区域;从阴影,黑色色阶为0;高光白色,色阶为255,共有256级色调。直方图中的山脉代表了图像的数据,山峰则代表了数据分布的方式,较高的山峰表示该区域所包含的像素较多,较低的部位表示该色阶包含的像素较少。

6)曝光准确的照片。打开一张曝光准确的照片曝光,准确的照片色调都比较均匀,明暗层次都比较丰富,亮的部分不会丢失细节,暗的部分,不会漆黑一片,从直方图中我们可以看到山峰比较平稳,并且从色阶0到色阶255每个色阶都有像素分布。

7)曝光不足的照片。曝光不足的照片画面色调非常暗,直方图中山峰分布在直方图的左侧,中间调和高光部分都缺少像素。

5.裁剪图像

图片的裁剪也成为图像的裁切,使用非常频繁,对于一张图片由于拍摄环境限制,会有一些部分多余,因此通过裁切可以把不需要的部分切掉。裁切图像可以分为粗略裁切和精确裁切。

(1)粗略裁剪图像

操作步骤:

1)打开一幅图片,选择左侧工具栏上的裁剪工具之后,单击图片,图片就处于裁剪编辑状态,如图8-81所示。

2)用鼠标拖动上图中四角或者四条边中心的编辑按钮,可以选择缩小范围,把图像分为框内和框外两个部分,如图8-82所示。框内属于保留部分,框外属于切掉部分。

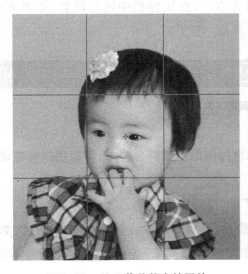

图8-81 处于裁剪状态的图片

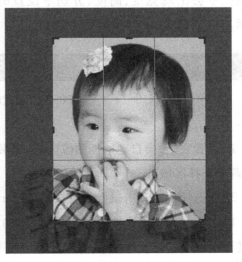

图8-82 选择保留区域

3）用鼠标在框内双击左键，或者按"Enter"键，即可将框外部分切掉。如图8-83所示。

图8-83 裁切之后的效果

（2）精确裁切图像 如果要对图像进行精确裁切，可以利用裁剪工具属性栏。

属性栏：尺寸设置选项可以选择"比例""宽×高×分辨率"，一般选择"宽×高×分辨率"，以一个二寸打印证件照为例来讲解一下如何使用裁剪工具属性栏进行精确裁剪图像。

操作步骤：

1）打开要进行裁切的图像，并设置裁剪工具的属性栏，选择"宽×高×分辨率"，此时属性栏中会出现宽度、高度、分别率设置的文本框，在属性栏中进行设置，如图8-84所示。

图8-84 设置裁剪工具属性栏

2）设置完毕，会自动选择图像区域，如果选择图像不够符合要求，可以用鼠标拖动图像，调整选择区域。

3）在选择框内双击鼠标或者按住"Enter"键，得到最终图像。

以上是针对打印证件照的设置，打印的照片，分辨率至少设置300像素/英寸，如果是进行网上报名的照片裁剪，只需要将分辨率设置为72像素/英寸即可，其他保持不变。

6. 照片拼接

图像拼接,对于产品宣传方面使用比较频繁,以二寸照片排版和淘宝网店详情页产品上架为例讲述图像拼接方法。

(1)二寸证件照排版打印

操作步骤:

1)打开 Photoshop CC 软件,执行"文件—新建"命令,打开新建对话框,如图 8-85 所示,选择文件类型中的"照片"选项,此时会弹出"照片"文件设置对话框,如图 8-86 所示。单击"确定按钮",得到一个横版的照片排版文件。

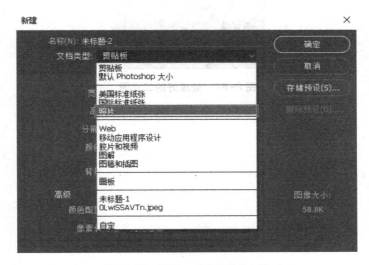

图 8-85　新建一个"照片"文档

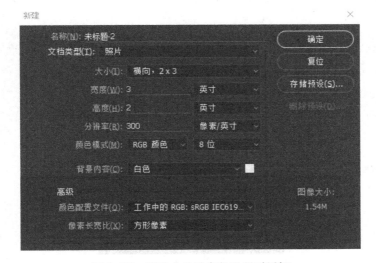

图 8-86　照片文件的参数设置对话框

2）打开一张裁剪后（分辨率至少为 300PPI）的二寸照片，如图 8-87 所示。

3）将二寸照片放到新建的照片文档中，并放好位置，如图 8-88 所示。

4）此时图层会得到一个新的图层，命名为"二寸照"，如图 8-89 所示。

图 8-87　处理好的二寸照

图 8-88　将二寸照放在"照片"文件中

图 8-89　图层调板

5）选择"二寸照"图层，按住"Ctrl+J"，每按一次，得到一个二寸照副本，按5次后，图层变化如图8-90所示。一个图层对应一个照片，那意味着复制了5张照片，总共有6张照片。

图8-90 复制照片后图层变化

6）选择顶层的图层"二寸照拷贝5"，用鼠标水平拖动（拖动时按住Shift键）照片到右侧合适位置放手。

7）此时第一张照片在最左端、最后一张在最右端，将除背景层之外的所有图层选中，然后选择移动工具，此时移动工具属性栏，如图8-91所示。

图8-91 移动工具属性栏

8）单击属性栏中"水平居中分布"按钮，得到6张照片均匀水平分布效果，如图8-92所示。

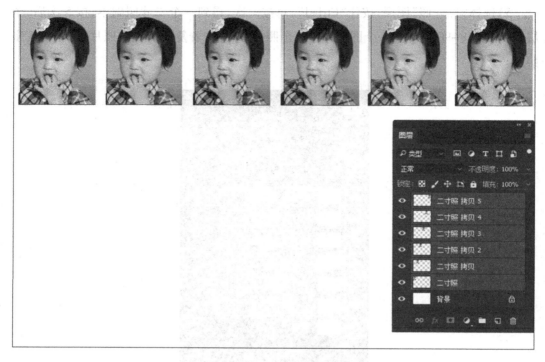

图 8-92   将 6 张照片均匀分布

9）确保 6 张照片图层全部被选中，选择移动工具，把鼠标放在任何一张照片上，按住"Alt"键，此时鼠标变成双箭头，然后垂直拖动鼠标到合适位置，此时发现第二排照片已经排列好。

10）重复上述第（9）步，得到完整排版效果，如图 8-93 所示。

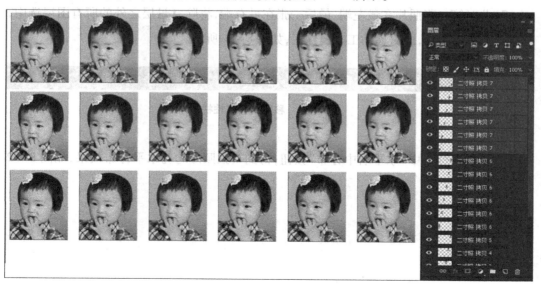

图 8-93   最终排版效果

（2）淘宝网店详情页产品图片拼接　淘宝网店，无论是电脑版还是手机版，详情页上各种上架产品的罗列非常广泛，打开电脑版淘宝网站，搜"农产品 灵宝苹果"会弹出如下窗口，如图8-94所示，以此为例解读图像拼接方法。

图8-94　灵宝苹果产品展示

操作步骤：

1）新建一个尺寸为1120＊850、分辨率为72PPI的文件。

2）从效果上可以看到，每个产品展示区域都为正方形，因此选择矩形工具，设置其属性栏的属性为形状，然后在画布上单击，弹出创建矩形对话框，如图8-95所示。在"宽度""高度"文本框中输入250像素、250像素，然后单击"确定"按钮。得到如图8-96所示的矩形。

3）打开一个灵宝苹果的素材，如图8-97所示。并将苹果素材引入文件，将对应的图层命名为"寺河山苹果"。

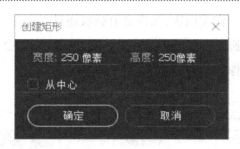

图 8-95　创建矩形对话框　　　　　　图 8-96　创建的矩形

图 8-97　素材

4）鼠标放在"寺河山苹果"图层与矩形 1 图层中间连接处，并按住"Alt 键"，鼠标变成标志时单击鼠标左键，得到剪切蒙版效果，并将图片调整大小和位置，如图 8-98 所示。

图 8-98　剪切蒙版效果

5）选择文字工具 **T**，输入文本，包括价格、图片描述、网店名称、产地等，如图 8-99 所示。

图 8-99 输入文本后的效果

6）将除背景层之外的所有图层选中，并群组，命名"寺河山苹果"组，并将本组内容放置合适位置，如图 8-100 所示。

7）选中"寺河山苹果"图层组，按住"Ctrl+J"三次，复制三个"寺河山苹果"拷贝组，并按照二寸照片排列方式进行排列，效果如图 8-101 所示。

图 8-100 "寺河山苹果"组摆放

图 8-101　复制群组并分布排列

8)针对拷贝的三个群组所对应的内容进行修改,包括图片、价格、图片描述、网店名称等。这样制作方法要比一个一个从新开始设计制作快捷高效,重复的部分不用修改,对于不一样的内容,比如包括价格、图片描述、网店名称、产地等文字的属性一律不用再设置,只需要改变内容即可。

9)以"寺河山拷贝"群组内容修改为例。把"寺河山拷贝"组之外的隐藏,并弹开该群组,如图 8-102 所示。

图 8-102　弹开"寺河山拷贝"图层组

10）首先选择群组中的"寺河山苹果"图层，单击右键，选择右键菜单中的"转换为智能对象"命令，将图层转为智能对象如图 8-103 所示，然后再次单击右键，选择替换内容，弹出"替换文件"对话框，如图 8-104 所示。找到要替换的苹果素材，单击"置入"。

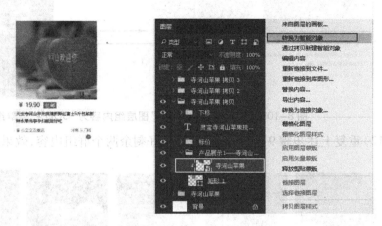

图 8-103　转换为智能对象

图 8-104　替换文件对话框

提示：在替换图片之前，进行图层转换智能对象过程非常必要，如果省去该步骤，会将所有的图像都发生改变。

11）修改好图片，再选择文字工具对文本进行修改，最终将图层组改为"SOD 礼盒"，如图 8-105 所示。

图 8-105　修改"寺河山拷贝"图层组内容为"SOD 礼盒群组"

12）重复上述步骤 9）~11），很快修改好剩余两个群组内容，效果如图 8-106 所示。

图 8-106　修改第一排产品展示效果

13）如果有更多的产品种类，就按照以上方法进行修改，既规范，又高效。

7. 特效文字制作

在网页、淘宝网店制作中，需要图文并茂，有些标题性的文字需要一些特效。另外，有些文字需要与按钮一起出现，既有文字又有按钮，关于特效文字与按钮的制作，在这里不展开详述，只讲述如何用 PS 自带的效果快速处理成我们需要的特效文字或按钮。在此介绍一下如何用 PhotoshopCC 快速实现特效文字、按钮制作的。

（1）新建一个文件，大小设置为长 200 像素，宽为 38 像素，如图 8-107 所示。

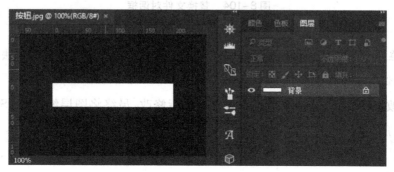

图 8-107　新建文件

（2）按"Ctrl+J"复制背景层，如图8-108所示。

图8-108 复制背景层

（3）执行菜单"窗口→样式"命令，打开样式调板，如图8-109所示。

◆温馨提示：图中的样式调板内的样式效果为默认的效果，其实PhotoshopCC所提供的样式效果有很多，可以根据需要调用出来，这里给大家讲述一下怎样调用更多的样式效果。

单击图8-109右上角红色圆环内的小三角，弹出下级菜单，如图8-110所示，在其中选择Web样式，会弹出如图8-111所示的对话框，此处我们单击"追加"按钮，再看看样式调板中的效果多了很多，继续将"玻璃按钮""文字效果"等样式追加后，样式库图案非常丰富，如图8-112所示。

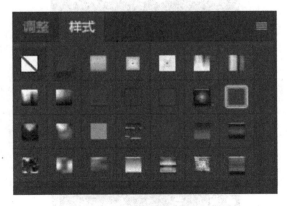

图8-109 样式调板

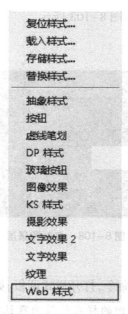

图 8-110 样式菜单

图 8-111 改变样式对话框

图 8-112 追加后的样式效果

（4）确保复制的图层 1 处于选中状态，然后在样式库中的效果按钮上单击，立竿见影，效果很快实现，本案例中选择了带底纹红色鞋面样式，得到的按钮效果如图 8-113 所示。

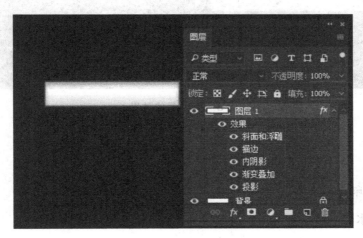

图 8-113　应用样式后的效果

◆温馨提示：如果我们的样式库中的效果没有一个完全符合需要的，可以选择一个与所要效果近似的一个，然后再对效果进行微调，这样会比自己制作速度更快。

（5）输入文字比如"产品展示区"，并添加一个"箭头"，对其颜色、字号、字形进行设置，效果如图 8-114 所示。

图 8-114　输入文字后的效果

（6）针对文字和箭头也可以采用添加"样式"的方法快速使文字产生特效，最终效果如图 8-115 所示。

图 8-115 最终效果

8. 制作水印

（1）显性水印

1）新建一个尺寸为 300＊300 像素、分辨率为 72PPI 的文件，背景为透明色，如图 8-116 所示。

2）利用文字工具输入"开心麻花"作为水印文字，文字的大小、颜色、字号等属性可以根据自己喜好设置，如图 8-117 所示。

图 8-116 透明背景

图 8-117 输入文本

3）单击图层调板下面的 fx，弹出样式菜单，单击"描边"样式，弹出"描边"对话框，设置描边对话框各项参数，单击确定，效果如图 8-118 所示。

4）将文字进行适当旋转，得到倾斜的效果，如图 8-119 所示。

图 8-118 描边后效果 ＠ 图 8-119 旋转文字

5）在图层面板上将图层的填充设置为 0% ,将图层透明度设置为 50% 左右（此处设置是为了让水印不要太明显）,水印效果就出来。

6）执行"编辑→定义图案…",单击确定。

7）打开一幅要进行添加水印的图片,然后执行"编辑→填充"命令,打开"填充"对话框,设置"内容"为图案,并在"自定图案"中选择图案库中最后一个图案（即为刚刚定义的水印图案）,如图 8-120 所示,单击"确定",得到添加水印后的图片,如图 8-121 所示。

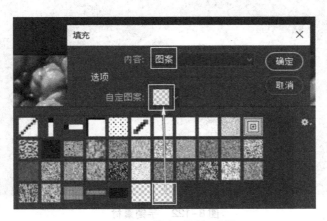

图 8-120 填充对话框设置

图 8-121 添加水印后的效果

（2）添加隐形水印　虽然说显性水印已经足够防伪，但是显性水印一眼就能看到，对于珠宝首饰等比较精致、高档的产品，添加显性水印会破坏图像的美感，有一种隐性水印既能够确保图片的完美，又能够起到防伪目的。

1）打开一幅图像，如图 8-122 所示。

图 8-122 手镯素材

2）执行"文件→文件简介（F）…"打开"南阳翡翠手镯".JPG 对话框。

3）选择左侧的列表项，在右侧对应的文本区输入文本，比如"基本"选项的右侧文本框中输入以下信息，设置完毕单击"确定"。

4）将添加了隐性水印的文件保存，关闭后再次打开，执行"文件→文件简介（F）…"，发现嵌入的文档信息仍然存在,并且隐藏性极好。对于盗图者来说,如果没有很好的 PS 技术,很难发现隐性水印。

9. 动作与批处理

(1)批处理　所谓批处理照片,是指 Photoshop CC 带有一个录制动作的功能,能把我们对某一图片的处理过程录制下来,然后将录制的动作用于其他图片的处理,可以得到完全相同的效果。当利用录制下来的动作去处理照片时,不仅可以一张一张地处理,还可以一批一批地处理,称为批处理。批处理使用方便,速度超常。

(2)动作录制　首先介绍动作录制过程,这里需要先认识一下动作调板。

动作调板下面的各个按钮功能如下:

停止录制/播放按钮:用于停止录制或播放动作。

录制动作按钮:开始录制动作。

开始播放动作按钮:开始播放动作。

新建动作文件夹按钮:用于新建动作文件夹。

新建动作按钮:用于新建动作集。

删除动作按钮:可以删除动作文件夹,也可以删除动作集和单个动作。

1)录制动作

①录制动作:选中动作集或动作后单击 ⬤ 按钮,或新建一个动作集后,⬤ 按钮显示为红色,表明已经是录制状态,此时用户所做的大部分操作可以录制下来。用户不但能将动作调板中的播放命令录制下来,而且能够录制主菜单"文件→自动子菜单"中的命令。录制完毕单击 ◼ 按钮停止即可。如图 8-123 所示是新录制的动作集"下雨 1"。

有一些动作或命令不能被录制下来,如色调(减淡、加深、海绵等)和绘图工具等。用户可以在录制时或录制完成以后自己插入这些无法录制的操作。当动作被播放时,这些被插入的操作会被执行。现在介绍插入命令的使用方法:①选择某个动作或动作集;②选择动作调板菜单中的插入菜单项目命令;③用鼠标选择要插入的命令即可。

用户还可以在录制过程中插入路径,在播放时,插入的路径会重新生成供用户调整。插入路径的方法:在录制时先建立一个路径,再选择动作调板菜单中的"插入路径"命令即可。

图 8-123　录制动作

②播放动作:当录制完动作后,就可以播放动作了,将所录制的一系列操作顺序播

放。用户可以选择"从哪个项目开始播放",可以选择播放哪些动作或动作集,哪些动作不播放。

打开一个图像文件。若要播放全部的动作,选择动作文件夹;若要播放一个动作集,选择该动作集;若只需要播放部分动作,则指定开始播放的项目。设定好要播放的动作后,就单击动作调板上的播放按钮,就可以使动作开始播放了。

③批处理照片:为提高操作效率,Photoshop 提供了自动批处理命令,可以一次性完成许多重复琐碎的工作,让用户处理图片时感到轻松、方便,详见具体操作。

第一,打开一批图像文件。

第二,播放"文件→自动→批处理"命令,对话框。

在对话柜中有几个选项:

播放:该控制参数又包含有两个选项:

组合:让用户选择所有播放的动作文件夹。

动作:用户从动作文件夹中选择动作集(此处选择了系统提供的"渐变匹配"动作)。

源:这个控制参数有 4 个选项:如果选择"打开的文件"选项,将会把当前所有打开的文件一起处理。

目标:有三个选项:

无:表示处理完的文件处于打开状态,暂时不保存。

存储并关闭:表示处理完的图像将替代原来的图像文件即保存在原来的位置并关闭图像文件。

文件夹:表示将处理完的图像保存到新的文件夹,选中该项后,又有几个参数需要设定,点击"选择"按钮,将选择用动作集处理完以后的图像所保存在的文件夹,必要时,用户在批处理前可以新建这个文件夹。

第三,设置好对话框后,单击"好"按钮,就会出现"批处理"效果。

10. 用 Photoshop CC 制作简单动画

PhotoshopCC 的处理功能不仅仅体现静态图像处理,也可以制作或处理动态图像,主要是 GIF 动画,GIF 动画图片是在网页上常常看到的一种动画形式,画面活泼生动,引人注目。占据空间也不大,广受网页设计者的青睐。GIF 动画是通过动画调板来实现的,以一个实例来解读 GIF 动画制作过程。

(1)准备三张素材图片,用 PhotoshopCC 打开,如图 8-124 所示。

图 8-124 素材

（2）让三张图片移动到一个文件中，每张图片占一个图层，如图 8-125 所示。

图 8-125 把三个图片放在一个文件中

（3）根据网页的要求，动画的尺寸为 1006 * 450 像素，所以我们在这里选择裁剪工具，并设置裁剪工具的属性栏参数为宽度 1006 像素，高度 450 像素，如图 8-126 所示，按回车键，确认裁切，效果如图 8-127 所示。

图 8-126 裁剪工具属性栏参数设置

图 8-127 裁切后的效果

（4）执行"窗口→动画"命令，打开动画调板，如图8-128所示。

图8-128　动画调板

（5）单击动画调板下方的新建按钮2次，再复制两个帧，如图8-129所示。

图8-129　复制两帧

（6）用鼠标选中第1帧，然后在图层调板中把图层1和图层2隐藏，只让图层0处于显示状态，如图8-130所示。

图8-130　设置第1帧

（7）用鼠标选中第2帧，然后在图层调板中把图层0和图层2隐藏，把图层1显示出来，如图8-131所示。

图 8-131　设置第 2 帧

（8）选中第 3 帧，把图层 0 和图层 1 隐藏，只显示图层 2。

（9）按着"shift"键，用鼠标单击第 1 帧，这样就把三帧全部选中，然后单击任一帧右下角的小三角，弹出如图 8-132 所示的列表，列表里给出了播放每一帧所需要的时间，如果给定的时间都不合适，可以选择其中的"其他…"，进行自定过渡时间，在这里我们设置时间 3 秒，如图 8-133 所示。

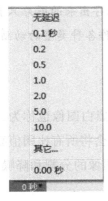

图 8-132　时间设置列表

图 8-133　设置时间为 3 秒

（10）在动画调板的左下角"永远"处，单击此处的小三角，要确保播放的次数为"永远"。

单击动画调板下方的播放按钮，可以预览效果，如果效果不理想，可以根据自己的需求再次编辑，如果效果满意，进入最后的保存阶段。

（11）如何保存很关键，执行"文件→存储为 Web 和设备所用格式（D）…"命令，打开存储为 Web 和设备所用格式对话框，如图 8-134 所示，在预设中的图片格式选择 GIF（如图中圆圈部分），设置完毕，单击"存储"按钮，打开"将优化结果存储为"对话框，保存类型选择"仅限图像（＊.GIF）"，单击保存即可。

图 8-134　存储为 Web 格式对话框

温馨提示：在制作 GIF 动画中，大家往往在保存阶段出错，有人认为如果执行"文件→存储或者存储为"，也能保存为 GIF 格式，但是通过这种方法保存出来的图片只有一帧的信息，不会产生动态效果。另外，用 PS 带的动画调板，可以制作各种类型的动画，大家可以自己探索，这里不再赘述。

11. 阈值

Photoshop"阈值"命令将灰度或彩色图像转换为高对比度的黑白图像也称为二值图像，可以指定某个色阶作为阈值，一旦指定一个色阶为阈值，那么会将所有比阈值亮的部分变为白色；而所有比阈值暗的像素转换为黑色。阈值常用于图像的分割和降噪处理，下面看一个降噪处理的例子：

先看一下原图与效果图的对比，如图 8-135、8-136 所示。

图 8-135 原图

图 8-136 效果图

　　（1）用阈值命令找出斑点，在通道面板里，观察三个单色通道，发现蓝色通道图像细节更加丰富，为此复制蓝通道，在蓝色通道副本里并进行高反差保留，半径大小视斑点大小调整，一般在 5.0 左右，如图 8-137 所示。

　　（2）针对上步处理后的通道图像，执行"图像—调整—阈值"命令，设置阈值为 118，效果如图 8-138 所示。

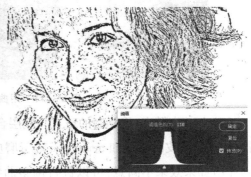

图 8-137 高反差保留

图 8-138 阈值处理

　　（3）保留斑点，其他的用白色画笔擦掉，如图 8-139 所示。

　　（4）将蓝色通道副本载入选区，并反选，返回图层，如图 8-140 所示。

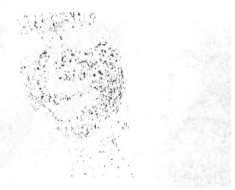

图 8-139　分割图像　　　　　　　　　图 8-140　载入斑选区

（5）将全区内的斑点复制到新的图层中（这样便于观看效果），然后用曲线调整，如图 8-141 所示，边观察边拉，斑点与周围肤色相近即可。

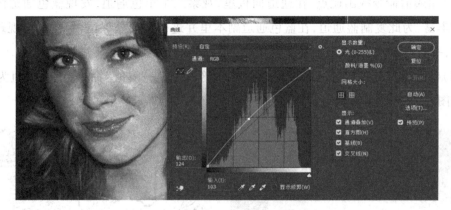

图 8-141　用曲线调整斑点颜色

（6）上一步做完，将复制的斑点与底层合并，皮肤有了质的改善，但要趋于完美，可以利用外挂的磨皮滤镜比如 neatimage 进行磨皮，如图 8-142 所示。

（7）如果效果不满意，可以进行调整曲线、色彩平衡等，直到满意为止，如图 8-143 所示。

图 8-142　磨皮效果　　　　　　　　　图 8-143　调整肤色

参考文献

[1]谢培庚,贺艺,张智优,等.湖南"互联网+"农业科技推广与普及探析[J].湖南农业科学,2020(4):72-75.

[2]杨凌,何建.对现代农业科技推广普及的思考[J].四川农业科技,2018(5):5-7.

[3]叶迎.视觉图像在农业科普中的应用研究[J].新丝路(下旬),2016(12):224-225.

[4]叶迎.农业科技普及图像设计与传播[J].明日风尚,2016(22):41-42.

[5]任静.乡村振兴战略背景下农村科技人才培养与引进对策[J].乡村科技,2019(2):42-43+45.

[6]苏学军,宗春燕,黎明.泰州市农业科技人才队伍建设现状与发展对策[J].黑龙江农业科学,2018(7):140-143+154.

[7]陈雯.基于无人机图像的小麦出苗均匀度评价[D].扬州:扬州大学,2018.

[8]刘晓涓.岳阳县农村科技人才培养问题研究[D].长沙:湖南农业大学,2017.

[9]张翔宇.栖霞市农村科技人才培养问题研究[D].烟台:烟台大学,2017.

[10]钟磊,罗杭春.西藏少数民族地区农村科技人才培养问题及对策[J].商,2016(16):49.

[11]陈雯,武威,孙成明,等.无人机遥感在农作物监测中的应用与展望[J].上海农业学报,2016,32(2):138-143.

[12]张健,刘嘉麟.基于机器视觉和无线网络的农作物监测系统[J].中国新通信,2015,17(21):2-3.

附录一 关于农村电子商务发展状况的调查问卷结果

第 1 题　您好，您的性别是？[单选题]

选项	小计	比例
男士	790	64. 65%
女士	432	35. 35%
本题有效填写人次	1222	

第 2 题　你的年龄是？[单选题]

选项	小计	比例
40 岁以上	1166	95. 42%
25 ~ 40 岁	15	1. 22%
25 岁以下	41	3. 36%
本题有效填写人次	1222	

第 3 题　你居住在哪里？[单选题]

选项	小计	比例
农村	840	68. 74%
县城	289	23. 65%
省城	75	6. 14%
一线城市	18	1. 47%
本题有效填写人次	1222	

第4题　你们村的大多农民文化层次？[单选题]

选项	小计	比例
文盲	102	8.35%
小学毕业	447	36.58%
中学(初中、高中)	546	44.68%
中专及以上	127	10.39%
本题有效填写人次	1222	

第5题　你平时有网上购物的习惯吗？　[单选题]

选项	小计	比例
有	1019	83.39%
没有	135	11.05%
疫情背景下认为网购比较安全	68	5.56%
本题有效填写人次	1222	

第6题　你有没有在网络上购买过农产品的经历？[单选题]

选项	小计	比例
有	305	24.96%
没有	917	75.04%
本题有效填写人次	1222	

第7题 你当地所在的村或镇上的农业生产活动是以小型散户为主还是农业大户为主呢？［单选题］

选项	小计	比例
小型散户为主（土地不多，不以农业为主要收入）	1023	83.72%
农业大户为主（通过土地流转承包了其他农户的土地）	199	16.28%
本题有效填写人次	1222	

第8题 你村上的农产品都是通过什么方式销售出去的？［单选题］

选项	小计	比例
通过合作社销售	95	7.77%
通过农贸市场、批发商场出售	416	34.04%
有专门的采购商采购	229	18.74%
其他	482	39.44%
本题有效填写人次	1222	

第9题 如果你们村建设电子商务网站，你希望以什么特色打入市场？［单选题］

选项	小计	比例
纯农产品	386	31.59%
特色旅游	180	14.73%
当地特产	349	28.56%
其他	307	25.12%
本题有效填写人次	1222	

第 10 题　你觉得在网上销售农产品这种方式是否可行？［单选题］

选项	小计	比例
值得一试	814	66.61%
一般	337	27.58%
不认同	71	5.81%
本题有效填写人次	1222	

第 11 题　如果你参与农村线上网站，你最希望它提供哪些服务？［多选题］

选项	小计	比例
进行农产品销售	916	74.96%
可以对农业技术等问题进行解答	895	73.24%
可以知道农业政策新动向	877	71.77%
可以知道农产品市场信息	928	75.94%
可以有扶贫等公益活动	859	70.29%
其他	251	20.54%
本题有效填写人次	4726	

第 12 题　你觉得在农村开展电子商务的原因是什么？［单选题］

选项	小计	比例
响应政府的号召	164	13.42%
农村电商的潜力巨大	279	22.83%
扩大农产品销售渠道	675	55.24%
其他	104	8.51%
本题有效填写人次	1222	

第13题　如果开展农村电商,你觉得哪类人群会最先接受?〔单选题〕

选项	小计	比例
领头的村干部	120	9.82%
埋头苦干的农民	84	6.87%
敢于创新的年轻人	954	78.07%
其他	64	5.24%
本题有效填写人次	1222	

第14题　若要开展农村电子商务,以什么切入点最好?〔单选题〕

选项	小计	比例
利用媒体进行广告宣传	175	14.32%
国家政策支持	522	42.72%
免费开展电商培训班	242	19.80%
引入技术型人才	283	23.16%
本题有效填写人次	1222	

第15题　你觉得农村电商有什么优势?〔多选题〕

选项	小计	比例
网络技术越发成熟	686	56.14%
新的发展机遇、市场巨大	945	77.33%
增加消费可选择性	757	61.95%
减少中间环节,农民挣得多	883	72.26%
本题有效填写人次	3271	

第16题　你对网购的农产品有哪些担心？　　　[多选题]

选项	小计	比例
质量难保证	658	53.85%
售后服务较差	674	55.16%
物流慢且部分商品运输难度大	973	79.62%
其他	303	24.8%
本题有效填写人次	2608	

第17题　您认为目前农村电商遇到的问题有？[多选题]

选项	小计	比例
农村电子商务观念普遍较为落后	991	81.1%
农村网络基础设施建设落后	832	68.09%
农村电子商务人才匮乏	994	81.34%
农村物流较为落后	768	62.85%
本题有效填写人次	3585	

第18题　关于农村电子商务人才匮乏问题,你认为以下哪些途径比较可行？[多选题]

选项	小计	比例
高新聘请专业电子商务人才	411	33.63%
对当前农村干部、农民进行培训	931	76.19%
引进人才+长期培训	977	79.95%
其他	248	20.29%
本题有效填写人次	2567	

第19题　针对农业电子商务方面,你认为对农民应该培训哪些方面的知识技能?
[多选题]

选项	小计	比例	
电商网店设计	834		68.25%
网店维护与网店美工	719		58.84%
农产品宣传广告设计	978		80.03%
其他	353		28.89%
本题有效填写人次	2884		

第20题　针对农民培训模式你认为哪些是可行的?[单选题]

选项	小计	比例	
现场培训	207		16.94%
线上培训	63		5.16%
现场+线上培训相结合	878		71.85%
其他	74		6.05%
本题有效填写人次	1222		

1.农业农村部:科技支撑农业农村高质量发展①

2019-12-15 12:04 来源:农业农村部网站

科技支撑农业农村高质量发展

本网讯 今年以来,农业农村部以乡村振兴科技支撑行动为总抓手,大力推进产学研融合、大力推广先进实用技术、大力培育高素质农民,充分发挥科技支撑力量,提升产业基础能力和产业链现代化水平,推动农业农村高质量发展。强化科技帮扶,助力打赢脱贫攻坚战。指导全国832个贫困县组建了4 100多个产业扶贫技术专家组,深入基层科技帮扶,特别是组建6个科技服务团、544个专家组,覆盖"三区三州"165个贫困县,实现"三区三州……"。

2.中国农业农村部:对十三届全国人大三次会议第8060号建议的答复②

沈昌健代表:

您提出的关于进一步规范农村土地流转的建议收悉,经认真研究,现答复如下。

一、关于逐步完善和健全各项政策措施

(一)关于完善流转扶持政策。2014年,中办、国办印发《关于引导农村土地经营权有序流转发展农业适度规模经营的意见》(以下简称《意见》),要求加大对新型农业经营

---

① http://www. moa. gov. cn/was5/web/search? searchword = % E7% A7% 91% E6% 8A% 80% E6% 94% AF% E6% 92% 91% E5% 86% 9C% E4% B8% 9A% E5% 86% 9C% E6% 9D% 91% E9% AB% 98% E8% B4% A8% E9% 87% 8F% E5% 8F% 91% E5% B1% 95&channelid = 233424&orderby = −DOCRELTIME.

② http://www. moa. gov. cn/was5/web/search? searchword = % E5% AF% B9% E5% 8D% 81% E4% B8% 89% E5% B1% 8A% E5% 85% A8% E5% 9B% BD% E4% BA% BA% E5% A4% A7% E4% B8% 89% E6% AC% A1% E4% BC% 9A% E8% AE% AE% E7% AC% AC8060% E5% 8F% B7% E5% BB% BA% E8% AE% AE% E7% 9A% 84% E7% AD% 94% E5% A4% 8D&channelid = 233424&orderby = −DOCRELTIME.

主体的扶持力度。支持符合条件的新型农业经营主体优先承担涉农项目,新增农业补贴向新型农业经营主体倾斜;综合运用货……

3. 中国农业农村部:河南:注入数字新动能 农业农村发展有保证①

发布时间:2020.10.13 10:13:00

利用农村基层信息平台,实现数据多跑路,农民少跑腿;通过无线网络远程监控,农田基本状况实现实时监测;运用数字技术,工厂化育苗实现精准控制通风、浇水、遮阳等流程;用手机扫描二维码,可以详细了解农产品的"前世今生"……随着互联网、大数据、云计算、人工智能等新一代信息技术的快速发展,数字化、智能化正融入河南农业农村发展的方方面面。

9月28日,在鹤壁市淇滨区钜桥镇岗坡村便民服务中心,不时可以看到村民……

4. 对十三届全国人大三次会议第6417号建议的答复②

程萍代表:

您提出的"关于加快推进我国智慧农业发展,助力乡村振兴的建议"收悉。经商市场监管总局、人力资源社会保障部,现答复如下。当前,以信息技术为核心的新一轮科技革命和产业变革正在孕育兴起,正在对经济社会发展产生着战略性和全局性影响。党中央、国务院高度重视网络安全和信息化工作,把农业农村作为一个重要领域,做出了实施"互联网+"现代农业行动、数字乡村发展战略等一系列决策部署。农业农村部认真贯彻落实党中……。

5. 农业农村部 国家发展改革委 财政部 商务部《关于实施"互联网+"农产品出村进城工程的指导意见》③

各省、自治区、直辖市人民政府,国务院有关部门、直属机构:

近年来,"互联网+"与农业农村深度融合,对于促进农产品产销衔接、推动农业转型升级、帮助农民脱贫增收发挥了重要作用。为进一步发挥"互联网+"优势,推动农产品卖得出卖得好,促进农业高质量发展,经国务院同意,现就实施"互联网+"农产品出村进城工程(以下简称工程)提出如下意见……

---

① http://www.moa.gov.cn/was5/web/search? searchword=% E6% B2% B3% E5% 8D% 97% EF% BC% 9A% E6% B3% A8% E5% 85% A5% E6% 95% B0% E5% AD% 97% E6% 96% B0% E5% 8A% A8% E8% 83% BD+% E5% 86% 9C% E4% B8% 9A% E5% 86% 9C% E6% 9D% 91% E5% 8F% 91% E5% B1% 95% E6% 9C% 89% E4% BF% 9D% E8% AF% 81&channelid=233424&orderby=-DOCRELTIME.

② http://www.moa.gov.cn/govpublic/SCYJJXXS/202011/t20201113_6356254.htm.

③ http://www.moa.gov.cn/xw/bmdt/201912/t20191226_6333954.htm.

6. 中国农业农村部：2016 年国家落实发展新理念加快农业现代化 促进农民持续增收政策措施①

（1）农业支持保护补贴政策

…… ……

（18）推进现代种业发展支持政策

2016 年，国家继续推进种业体制改革，强化种业政策支持，促进现代种业发展。一是深入推进种业领域科研成果权益改革。在总结权益改革试点经验基础上，研究出台种业领域科研成果权益改革指导性文件，通过探索实践科研成果权益分享、转移转化和科研人员分类管理政策机制，激发创新活力，释放创新潜能，促进科研人员依法有序向企业流动，切实将改革成果从试点单位扩大到全国种业领域，推动我国种业创新驱动发展和种业强国建设。二是推进现代种业工程建设。2016 年根据《"十三五"现代种业工程建设规划》和年度投资指南要求，建设国家农作物种质资源保存利用体系、品种审定试验体系、植物新品种测试体系以及品种登记及认证测试能力建设，支持育繁推一体化种子企业加快提升育种创新能力，推进海南、甘肃和四川国家级育制种基地和区域性良种繁育基地建设，全面提升现代种业基础设施和装备能力。三是继续实施中央财政对国家制种大县（含海南南繁科研育种大县）奖励政策，采取择优滚动支持的方式加大奖补力度，支持制种产业发展。

7. 中华人民共和国中央人民政府：关于印发《关于加快农业保险高质量发展的指导意见》的通知②

关于印发《关于加快农业保险高质量发展的指导意见》的通知

财金〔2019〕102 号

各省、自治区、直辖市、计划单列市财政厅（局）、农业农村（农牧、畜牧兽医）厅（委、局）、林草局，各银保监局，新疆生产建设兵团财政局、农业农村局、林草局：

2019 年 5 月 29 日，中央全面深化改革委员会第八次会议审议并原则同意《关于加快农业保险高质量发展的指导意见》（以下简称《指导意见》）。现将《指导意见》印发给你们，请按程序向当地党委和政府报告，并认真遵照执行。

---

① http://www.moa.gov.cn/gk/zcfg/qnhnzc/201603/t20160330_5076285.htm.

② http://www.gov.cn/xinwen/2019-10/12/content_5438771.htm.